AF585642

R.E.I. Editions

Tutti i nostri ebook possono essere letti sui seguenti dispositivi:

- Computer
- eReader
- iOS
- Android
- Blackberry
- Window
- Tablet
- Cellulare

Mantelli - Brown - Kittel - Graf

Sua Maestà lo Spitfire

ISBN: 9782372975131

Pubblicazione: dicembre 2024
Copyright © 2024 R.E.I. Editions
www.rei-editions.com

Mantelli - Brown - Kittel - Graf

Sua Maestà
Lo Spitfire

R.E.I. Editions

Indice

Supermarine Spitfire

Sua Maestà lo Spitfire.

Quest'aereo è una leggenda dell'aria, un vero brand, e la sua immagine è indissolubilmente legata alla vittoria britannica nella Battaglia d'Inghilterra.

- È uno dei pochissimi aerei, forse l'unico, il cui nome suscita qualche immagine anche a un profano di cose d'aviazione storica.

Il Supermarine Spitfire è probabilmente l'aereo più famoso della Seconda Guerra Mondiale.
Quando la produzione terminò, erano stati costruiti oltre 20.000 Spitfire, e l'aereo aveva cambiato motore, il suo peso a pieno carico era raddoppiato e la sua velocità massima era aumentata di 90 miglia orarie.

- Nonostante questi cambiamenti, lo Spitfire del 1945 è immediatamente riconoscibile come parte della stessa famiglia del prototipo del 1936.

Tuttavia, è anche un velivolo che, a un certo punto, ha fatto il suo tempo: pur essendo ottima macchina difensiva, pesantemente armata, molto agile e velocissima in salita, la mancanza di raggio d'azione e di capacità di carico sufficiente non gli ha giovato nel prosieguo della guerra.
Infatti, quando le missioni degli Alleati sono diventate sempre più offensive e a lungo raggio, mentre il Bf-109, non molto adatto alle azioni di scorta, è rimasto valido perché da caccia offensivo, sia pure a corto raggio, è passato ai più consoni ruoli di intercettazione a breve raggio, sui cieli della madrepatria sempre più aggredita dalle Fortezze volanti, lo Spitfire è rimasto in disparte e ha recuperato qualche merito quando ha potuto disporre di basi aeree avanzate sul continente.
La sua vittoria contro l'arcinemico Bf-109 è stata tuttavia il degno finale della sua carriera bellica, almeno considerando la Seconda Guerra Mondiale: dai primi Bf-109E contro gli Spitfire

Mk I agli ultimi Bf-109K contro gli Spitfire Mk XIV, migliaia e migliaia di combattimenti aerei hanno lasciato un'ampissima letteratura e numerosi ricordi da parte dei piloti, spesso diventati assi del calibro di Jonnie Johnson o di Adolph Galland.
Il Supermarine Spitfire fu un caccia monoposto, monomotore ad ala bassa (ala sottostante alla fusoliera, con il baricentro collocato sopra al punto di applicazione della portanza, rendeva l'aereo più instabile ma al contempo gli conferiva una maggiore maneggevolezza) prodotto dalla britannica Supermarine Aviation Works negli anni trenta e quaranta.
Nella Battaglia d'Inghilterra, condivise con l'Hurricane il difficile compito della difesa metropolitana dagli attacchi della Luftwaffe.
Impiegato dalle aviazioni di numerosi paesi alleati quali l'Unione Sovietica, l'Australia e gli Stati Uniti d'America, è stato l'unico caccia alleato prodotto per tutta la durata della guerra.

- Lo Spitfire non è un aereo singolo con varie modifiche e migliorie, ma una vera e propria famiglia di aerei che ha ricoperto un po' tutti i ruoli e si è adattata a non meno di 10 anni di evoluzione della tecnologia, dai primi Spitfire con i loro motori Merlin da 1.000 hp ed eliche bipala, agli ultimi con i Griffon da oltre 2.000 hp ed eliche metalliche a 5 pale oppure addirittura due tripale controrotanti.

Eliche e motori che da soli pesavano più o meno come gli Spitfire Mk I.
Venne realizzato in una quarantina di versioni, una quantità superiore a quella di qualunque altro aereo inglese.

- Includendo i 2.556 Seafire, ne vennero prodotti 20.351 esemplari fino al 1947, quando l'ultimo Mk.24 uscì dalle linee di montaggio.

Dopo la guerra è stato impiegato ancora a lungo dalle forze aeree di Francia, Olanda, Grecia, Turchia, Belgio, India, Italia e Cecoslovacchia.
L'ultima missione operativa di prima linea della RAF fu compiuta il 1° aprile 1954 da uno Spitfire ricognitore P.R.19 del No. 81 Squadron RAF.

Ma lo Spitfire continuò a essere utilizzato ancora per tre anni dal Temperature and Humidity Flight, per misurazioni meteorologiche, fino al giugno 1957, quando fu congedato.

- È stato considerato dall'asso britannico Johnnie Johnson «il miglior caccia difensivo convenzionale della guerra».

Storia

Lo Spitfire fu il capolavoro di Reginald Joseph Mitchell, già noto come progettista di idrovolanti per la Coppa Schneider, vinta nel 1927 da uno dei suoi aerei: il Supermarine S.5.
Altri due suoi progetti, l'S.6 e l'S6.B, l'avevano ancora vinta nel 1929 e nel 1931.
L'S.6B aveva anche innalzato il record mondiale di velocità, a 655 km/h.
Nel 1934, Mitchell presentò alla Royal Air Force, il Supermarine Type 224 a un concorso per la selezione di un nuovo tipo di caccia. Ma l'aereo si rivelò un fallimento.
La sua velocità massima era di soli 367 km/h, e impiegava 9 minuti e 30 secondi per raggiungere i 4.575 metri, mentre il sistema di raffreddamento era difettoso.
Il concorso fu vinto dal Gloster Gladiator, ma Mitchell non si rassegnò.
Quando l'Air Ministry, sempre nel 1934, emise la specifica F 5/34, che richiedeva un aereo con abitacolo coperto, carrello retrattile e un armamento di 8 mitragliatrici, Mitchell propose il Supermarine Tipo 300, il futuro Spitfire.
Il Tipo 300, secondo l'idea originale di Mitchell, era, in sostanza, il più piccolo e più semplice aereo da combattimento che si potesse costruire attorno al motore Rolls-Royce PV-12.
Due vincitori emersero nettamente: lo F.36/34, poi diventato l'Hurricane, e l'F.37/34, che era il Type 300, battezzato poi Spitfire.
L'approvazione del Ministero dell'Aria, per la realizzazione del prototipo F.37/34, giunse nel gennaio 1935.

- Possedeva una struttura lineare, una fusoliera a semiguscio in lega leggera, e un'ala a longherone unico, rivestita in metallo, tranne gli alettoni ricoperti in tela verniciata, carrello retrattile e mitragliatrici alloggiate nell'ala che sparavano fuori dal disco dell'elica.

Dato che il Ministero dell'Aria aveva deciso che i caccia futuri dovessero avere otto mitragliatrici, Mitchell disegnò l'ala del

Type 300 spiccatamente ellittica, in modo che le otto mitragliatrici potessero stare tutte il più lontano possibile dalla fusoliera e i serbatoi delle munizioni rifornibili in modo rapido attraverso sportelli nel rivestimento.
Questa caratteristica risultò una delle migliori progettate per un caccia dell'epoca.
Tra le caratteristiche del Supermarine Spitfire, che aveva un motore con raffreddamento a liquido acqua-glicole, è una strana collocazione asimmetrica dei radiatori: sotto l'ala sinistra il radiatore di raffreddamento e sotto l'ala destra il radiatore dell'olio.

- Il glicoletilene, anziché l'acqua, caratterizzato da una temperatura di ebollizione più elevata (circa 193°), consentiva di operare a temperature più alte, migliorando così il rendimento del radiatore (più è alta la temperatura del liquido, maggiore è la quantità di calore ceduto all'aria a parità di condizioni) e consentendo perciò una riduzione della sua superficie di circa il 50%.

Altri particolari caratteristici: gli ipersostentatori a fessura, una confortevole cabina per il pilota ricoperta da tettuccio scorrevole in Perpex (plastica acrilica trasparente), sei tubi di scarico a lato, un pattino di coda fisso e una pesante elica bipala di legno.
Questo primo velivolo (K50549) volò per la prima volta il 5 marzo 1936 dall'aeroporto di Eastleigh, meglio conosciuto oggi come Southampton Airport, alimentato, come previsto dalle specifiche, da un motore Merlin "C", denominazione del motore Rolls-Royce PV-12, da 900 hp (671 kW).
A condurlo in volo fu il capitano Joseph "Mutt" Summers, capo collaudatore della Vickers che, nei primi quattro voli, fece sostituire l'elica e il motore.

- Lo Spitfire fu valutato molto buono ma non perfetto.

Il timone era troppo sensibile e la velocità massima deludente: 531 km/h, meno dell'Hurricane che aveva volato cinque mesi prima. Con una nuova elica in legno raggiunse 560 km/h.
Nel frattempo l'Air Ministry aveva redatto una seconda specifica, la F.16/36, relativa alla produzione e agli sviluppi dei caccia.

Il 3 giugno 1936, a meno di due mesi dal primo volo del prototipo, la Supermarine ricevette un ordine per 310 Spitfire I, ampliata l'anno successivo con altri 200 velivoli.

- Ogni Spitfire costava circa 9.500 sterline.

I componenti più costosi erano la fusoliera, lavorata e rifinita a mano, con un costo di 2.500 sterline, poi il motore Rolls-Royce Merlin, a 2.000 sterline, seguito dalle ali a 1.800 sterline al paio, mitragliatrici e carrello, entrambi a 800 sterline al pezzo, e l'elica, a 350.

L'Air Ministry suggerì, per il nuovo apparecchio costruito presso gli stabilimenti Vickers-Armstrongs, un certo numero di nomi, tutti con la stessa iniziale del costruttore, S di Supermarine. Si proposero diverse alternative, tra le quali Shrew e Shrike.

Il nome Spitfire fu suggerito da Sir Robert MacLean, il direttore della Vickers-Armstrongs all'epoca, il quale chiamava la propria figlia Ann «a little spitfire» (una piccola sputafuoco), un modo di dire elisabettiano per indicare una persona impetuosa.

Il nome venne precedentemente usato anche per designare il Type 224.

Intanto, tra il 1937 e il 1938, il prototipo K5054 veniva sottoposto a continui test.

- Nelle ali fu collocato anche l'armamento costituito da 8 mitragliatrici da 7,7 mm, disposte fuori del disco dell'elica.

L'Inghilterra, a differenza di diverse altre nazioni europee e degli Stati Uniti, che preferirono orientarsi verso armi più pesanti, da 12,7 o 20 mm, scelse, per ottenere l'elevata potenza di fuoco necessaria per i moderni aerei da caccia, destinati a combattere a velocità dell'ordine dei 500 km/h o più, batterie di numerose armi leggere, caratterizzate da un'elevata cadenza di tiro: dovendo, però, queste essere installate nelle ali, fuori della portata del pilota, e poiché la mitragliatrice Vickers, arma tradizionale della caccia inglese, non garantiva sufficiente affidabilità, fu necessario ricorrere alla produzione su licenza di una nuova mitragliatrice.

Venne scelta, dopo un confronto con le varie armi del calibro stabilito, la Colt Browning americana, che venne prodotta su licenza dalla BSA (Birmingham Small Arms) Guns Ltd.

- Dopo l'installazione delle mitragliatrici si notò la tendenza delle stesse a incepparsi nel momento in cui ci si spingeva ad alta quota, questo a causa della bassa temperatura dell'aria e della formazione di ghiaccio, che ne bloccava i meccanismi di fuoco.

Per ovviare al problema venne studiato un lungo e complicato sistema per inviare aria calda proveniente dal motore e prevenire, quindi, la formazione del ghiaccio.
Inoltre, grazie all'adozione di un nuovo impianto di scarico "a coda di pesce", si riuscirono a ottenere 70 hp supplementari dal motore Merlin, il che garantì l'aumento della velocità massima a 579,36 km/h.

- Per poter restare al passo con i progressi della tecnica e delle capacità richieste dalle esigenze operative, lo Spitfire fu prodotto in 46 versioni, 33 terrestri e 13 navali, sette delle quali fondamentali, con decine di allestimenti specifici.

Ogni versione era contraddistinta dalla dicitura Mk. (dall'inglese Mark, modello, tipo) seguita da un numero romano, fino alla versione 20, e da numeri arabi le successive, in quanto nel periodo postbellico la RAF cambiò criteri di designazione.
Nel 1939 vennero aggiunte altre migliorie, parabrezza antipallottola, nuovo e più potente motore Merlin, serbatoi autosigillanti e, soprattutto, nuovo impianto radio con dispositivo IFF (identificazione amico o nemico).
Il prototipo K5054, venne distrutto in fase di atterraggio il 4 settembre 1939 a Farnborough dal Flight Lieutenant "Spinner" White, che morì subito dopo.
Il primo Spitfire di serie, il K9787, il primo Mk.I differiva alquanto dal prototipo di Mitchell, che nel frattempo era morto di cancro - a 42 anni - l'11 giugno del 1937.
Il suo successore, l'esperto ingegnere Joseph Smith, assieme alla sua squadra di oltre cento persone, tra ingegneri e disegnatori,

continuò a lavorare fino al 1947 al suo sviluppo, apportando diverse modifiche.

- La più importante era la nuova e più robusta struttura dell'ala che ora permetteva allo Spitfire picchiate fino a 756 km/h.

I flap possedevano una maggiore capacità, e la portata del serbatoio di carburante era salita del 12%, da 284 a 318 litri.
Un nuovo tettuccio "a goccia" dava maggior spazio al pilota.
In seguito, l'elica in legno bipala, montata sui primi 75 aerei prodotti, sarebbe stata sostituita da una De Havilland a tre pale a due passi.
Tale elica avrebbe incrementato la velocità dello Spitfire solo marginalmente, innalzando, però, la quota di tangenza massima di 914 metri, anche se con una lieve riduzione della sua velocità di salita del 14% , da 771 metri a 663 metri al minuto.
Il carrello d'atterraggio era posto in alto rispetto al suolo e possedeva una carreggiata molto stretta, con perni di rotazione posti sotto la fusoliera.

- La meccanica del carrello era pure rudimentale, con una pompa a mano necessitante di 48 giri per assicurare la retrazione.

L'abitacolo disponeva di un sedile in bachelite, di parti trasparenti in perspex e di comandi piuttosto convenzionali, principalmente una barra di comando con impugnature "a badile" situata al centro collegata a comandi azionati da cavi d'acciaio.
Gli alettoni erano di tipo Frise, privi di trim, ma si poteva regolare a terra il bordo d'uscita una sola volta.
Timone ed elevatore erano mossi da catene chiuse da cavi d'acciaio, duplicati per sicurezza, e incrociati per ottenere il corretto movimento dell'elevatore.
Sui comandi di coda il pilota, per regolare gli assetti di volo, poteva agire anche con i trim, mentre è interessante rimarcare che i controlli di coda erano metallici, ma rivestiti, sia timone sia equilibratori, in tela.

- L'Mk.I aveva una semplice elica bipala in legno, a passo fisso.

Era economica e pesava appena 37 kg, ma non era certo ideale per un velivolo tanto prestante; infatti, le eliche a passo variabile hanno un rendimento migliore perché adattano l'incidenza della pala alle varie condizioni di volo: alto valore di passo per decollo e salita e basso per la crociera, con giusto un'ogiva aerodinamica a copertura del mozzo dell'elica.
La blindatura era assente sia per il pilota sia per i serbatoi, una soluzione adottata in funzione di una struttura leggera che non compromettesse le prestazioni.
Dotato di due flap (ipersostentatori del bordo d'uscita) per ala, totalmente metallici a due posizioni: aperto/chiuso.
Non potevano essere usati per le fasi di decollo, ma questo venne reso possibile solo con la versione navalizzata: il Seafire, grazie all'installazione a una posizione intermedia di 18°.
L'impianto idraulico era provvisto di una pompa azionata dal motore a 1.800 psi di pressione e veniva usato per il solo carrello dal Mk.II in poi.

- L'impianto pneumatico possedevo due bombole e azionava freni, flap, armi e altri dispositivi.

I serbatoi per il carburante erano due: da 218 e 168 litri, per un totale di 386 litri, posti uno sull'altro a metà fusoliera, giusto davanti all'abitacolo.
Essi erano originariamente privi di protezioni, ma in seguito vennero sia protetti che integrati da unità aggiuntive esterne, fino a un massimo di 773 litri, con la possibilità di aumentare ulteriormente la dotazione grazie a un serbatoio interno, situato nel lungo elemento posteriore di fusoliera, con altri 132 litri.
Il motore era un Merlin a 12 cilindri a V, originariamente alimentato con carburante a 87 ottani e successivamente, sperimentando rapporti di compressione maggiori, con carburante a 130-150 ottani.

- Il radiatore era posto sotto l'ala destra e usava una miscela 70% di acqua e 30% di glicole etilenico il cui serbatoio era sistemato dietro all'elica, mentre l'olio di lubrificazione era stipato in un serbatoio situato sotto il motore, dove era posta anche la presa d'aria del carburatore.

Standard era anche la dotazione di strumenti come la radio ricetrasmittente e almeno due bombole di ossigeno per il volo ad alta quota.
All'epoca (metà anni trenta) nessuno dei due sistemi era usuale sui caccia.
Le prestazioni dell'Mk.I erano elevate al punto di ottenere circa 590 km/h di velocità a media quota, il che era accoppiato a un'eccellente maneggevolezza e a un pesante armamento.
Lo Spitfire era un velivolo rivoluzionario per il 1936 e i margini di sviluppo avrebbero, prima o poi, ovviato a quasi tutti i limiti e i difetti di gioventù.
Le prime consegne iniziarono nel maggio 1938.
La prima unità a essere equipaggiata con il nuovo caccia fu il Gruppo N° 19 di base a Duxford, che ricevette il primo Spitfire (K9789) il 4 agosto 1938, in sostituzione dei biplani Gauntlet.
Il primo pilota della RAF a portarlo in volo fu lo Squadron Leader Henry Cozens, che iniziò a pilotare con un Sopwith Camel e finì con il jet Vampire.

- Ma lo Spitfire, affermava Cozens, era di gran lunga il miglior aereo con cui fosse andato in guerra.

A metà settembre 1938, solo altri cinque velivoli si erano aggiunti al primo.
Agli inizi del 1939, tuttavia, i tempi di consegna aumentarono rapidamente e, il 3 settembre 1939, giorno in cui il Regno Unito entrò in guerra con la Germania, 9 unità della RAF e della Auxiliary Air Force, ovvero i Gruppi N° 19, 41, 54, 65, 66, 72, 74, 602 e 611 (basati a Duxford, Hornchurch, Church Fenton, Catterick e Abbotschurch), erano equipaggiati al completo con Spitfire.

- Fino a quel momento erano stati consegnati 306 Mk.I.

Di questi, però, 36 erano andati persi per incidenti durante l'addestramento.
Inevitabilmente, i piloti della RAF che arrivavano allo Spitfire dopo l'addestramento su biplani come il Tiger Moth o aerei da addestramento come il Miles Magister e il Master, furono coinvolti in molti incidenti.

In decollo, la visibilità era ostacolata dal lungo muso e per muoversi a terra i piloti dovevano procedere a zig-zag.
In atterraggio, troppi dimenticavano di far scendere il carrello, altri non riuscivano a controllare la tendenza dello Spitfire a "galleggiare" sulla pista di atterraggio.

- Nelle manovre violente, oltre i 4-5 G, ai piloti cominciava a oscurarsi la vista e il caccia della Supermarine poteva raggiungere i 10 G.

Abituati agli Hawker Fury, si sentivano claustrofobici dentro l'abitacolo chiuso dello Spitfire, temendo che graffi, condensa e colature di olio dei motori Merlin sui pannelli di Perspex potessero ostacolare la visibilità in combattimento.
Il carrello stretto, inoltre, rendeva difficile il volo notturno e lo Spitfire fu usato con discontinuità in questo ruolo, tanto che come anche nel caso dell'impiego imbarcato, non ebbe mai un pieno successo, al contrario del più lento e robusto Hurricane.
La prima macchina radiata dal servizio fu una del XIX Squadron, persa il 16 agosto 1938 in atterraggio, un cedimento del carrello, infatti, ne causò il cappottamento.
Il pilota, Gordon Sinclair del IX Squadron, ne uscì incolume e nonostante il poco invidiabile primato di avere distrutto il primo Spitfire, sarebbe diventato poi un asso con 10 vittorie aeree accertate durante il 1940 sia su Dunkerque che nella difesa dell'Inghilterra.
Il 6 settembre 1939 gli Spitfire dei piloti Paddy Byrne e John Freeborn, del 74 Squadron, guidato dal futuro asso Adolph Gysbert Malan, abbatterono i primi aerei, sul fiume Medway, in Kent.

- Per un caso di "fuoco amico", passato alla storia come "Battle of Barking Creek", i due caccia abbattuti erano Hurricane del 56 Squadron.

L'ufficiale Montague Hulton-Harrop restò ucciso.
Un'inchiesta attribuì la colpa dell'accaduto a un difetto del sistema di "controllo radar" della RAF e i piloti degli Spitfire vennero esonerati da ogni responsabilità.

L'incidente, tuttavia, portò all'installazione del dispositivo di identificazione IFF (Identification Friend or Foe), precursore dell'odierno transponder.
I primi abbattimenti di aerei nemici si verificarono sette settimane più tardi, il 16 ottobre, quando gli Spitfire del 603 Squadron abbatterono due bombardieri Junkers Ju 88 del 1/KG 30, condotto dall'Hauptmann Helmuth Pohle, su Rosyth, nei pressi del Firth of Forth, dove i bombardieri tedeschi avevano attaccato la HMS Southampton e la HMS Edinburgh.
La prima vittoria aerea a opera di Spitfire basati in Inghilterra ebbe luogo quando il 41 Squadron, decollato da Catterick abbatté un Heinkel He 111 nei pressi di Whitby.
La RAF rifiutò di inviare gli Spitfire in Francia, durante la crisi dell'inizio del 1940.
Erano ancora pochi, la logistica era insufficiente e il fronte si muoveva così rapidamente che avrebbero potuto essere catturati dalle forze della Blitzkrieg.
Soltanto quando il Corpo di Spedizione Britannico stava per essere intrappolato intorno a Dunkerque, il Fighter Command inviò i nuovi caccia Oltremanica, dove si scontrarono con i Bf 109.

- Il primo pilota della RAF che si ritiene abbia abbattuto un Messerschmitt monomotore fu il neozelandese Alan Cristopher Deere del 54 Squadron il 23 maggio 1940, sull'aeroporto di Calais Marck, imitato subito dopo dal suo gregario Johnny Allen.

Ma negli scontri sopra Dunkerque, la RAF, nel tentativo di impedire alla Luftwaffe di bombardare le spiagge durante le operazioni di imbarco delle truppe, perse 67 preziosi Spitfire.
I piloti che avevano combattuto sopra la Francia ed erano sopravvissuti avevano, tuttavia, imparato pochi utili "trucchi" su come affrontare i Messerschmitt.
Uno era quello di regolare le mitragliatrici a terra in modo da far convergere le raffiche in un punto a 250 iarde davanti alle ali, invece, delle ufficiali 400.
Durante i mesi della phoney war (strana guerra è la definizione di un periodo storico, durante la seconda guerra mondiale, che va dalla fine della campagna di Polonia all'avvio delle

operazioni in Francia, e che segnò una sostanziale stasi nelle operazioni militari del conflitto) vi furono disperati tentativi di rendere pienamente operativo lo Spitfire, che iniziò la guerra con limiti di efficienza e operatività, con un livello di produzione ancora insufficiente.
Le modifiche escogitate furono molte e di notevole valore.

- La salita a 6.100 metri originariamente avveniva in circa 9,5 minuti, al massimo peso operativo, e la tangenza pratica era di circa 9.700 metri.

Sebbene l'abitacolo dello Spitfire fosse angusto, la disponibilità di un portello abbassabile sul lato sinistro rendeva agevole l'entrata, senza bisogno della complicata manovra dello scavalcamento della fiancata, specie con la tenuta di volo che all'epoca includeva un paracadute all'altezza delle natiche.
Entrando nello Spitfire, il pilota medio provava certamente un senso di costrizione, specialmente nel primo modello dotato di tettuccio diritto, che ostacolava anche la visibilità posteriore e non poteva essere né aperto in volo a oltre 275 km/h né sganciato in emergenza.
Non stupì, quindi, nessuno che in pochi mesi venne sostituito da un nuovo modello bombato, molto più confortevole, e poi integrato da uno specchietto retrovisore installato sopra il parabrezza.
La riduzione di alcuni km orari di velocità in cambio di tali miglioramenti fu giudicato irrilevante.

- I comandi di volo erano semplici e al centro dell'abitacolo vi era la classica cloche a 'badile' con una sorta di cerchio all'estremità, e alcuni pulsanti tra cui quello di tiro.

Il pannello di comando aveva una dozzina di strumenti a orologio per la presentazione analogica dei principali dati di volo.
La manetta era a sinistra.
Il mirino, originariamente, era un semplice reticolo sistemato davanti al parabrezza.
Il sedile era un semplice oggetto realizzato in bachelite, con un'imbottitura per la testa del pilota. Inizialmente non era corazzato, come non lo era il parabrezza.

Azionando l'avviamento elettrico alimentato dall'esterno (sostituito, dal modello Mk.II in poi, da un sistema a cartuccia esplosiva) la macchina era pronta e l'elica veniva rapidamente portata al massimo dei giri.
Rullare era abbastanza facile, in quanto il muso era relativamente corto rispetto ad altre macchine e sebbene fosse necessario ancora zig-zagare, la visibilità non era eccessivamente compromessa, anche se l'Hurricane era sensibilmente migliore grazie alla posizione maggiormente sopraelevata del pilota.
Come detto, l'elica iniziale, bipala in legno a passo fisso, era troppo limitante per sfruttare la potenza, ancorché leggera (37 kg) ed economica.

- La corsa di decollo, quasi 400 metri, era assai elevata per un caccia, mentre la stretta carreggiata del carrello poteva indurre a commettere gravi errori in rullaggio e decollo.

L'adozione di un'elica tripala metallica a due passi fu un progresso e ridusse di 100 metri circa la corsa di decollo, ma il passaggio tra le prestazioni di velocità e la salita/combattimento ravvicinato non era ottimale, essendo il motore costretto da un sistema a due sole “marce”.
Solo l'adozione di un'elica a giri costanti rese finalmente la macchina adatta a ogni impiego, anche se al prezzo di un peso di 227 kg.
La pompa dell'olio, manuale, nei primi modelli, causava problemi nell'azionamento perché il pilota era già occupato a tenere l’aereo in decollo, e c'era poco spazio per muovere le mani, tanto che tendevano a escoriarsi nell'azionare 48 volte la pompa e ritrarre il carrello.
Anche questa problematica venne poi risolta con un sistema idraulico mosso dal motore.

- Per ottenere miglioramenti, fu installato, al posto del Merlin II, il nuovo motore Merlin III da 1.030 hp a quota 4.353 metri.

Questo gruppo motopropulsore aveva un albero adatto per eliche tripala come la Rotol o la de Havilland a due posizioni che aumentò la velocità di 8 km orari.

Per questo motivo venne presto adottata l'elica tripala Rotol a giri costanti.
Pesava ben 228 kg, ma regolava l'angolo di incidenza delle pale dell'elica in maniera ottimale per ogni velocità.
La corsa di decollo si ridusse ulteriormente a circa 200 metri, e la salita a 6.100 metri si ridusse a circa 7 minuti e 42 secondi con un peso di 2.138-2.750 kg.
La massima velocità era diminuita a 565 km/h, ma il nuovo velivolo divenne superiore in tutto il resto: agilità, tangenza e salita.
Presto venne adottato anche un sistema IFF (Identification Friend or Foe), dal peso di 18 kg circa, che era assolutamente indispensabile se si voleva condurre una battaglia aerea controllata dai radar e dai collegamenti radio.

- Altro peso venne aggiunto con la corazzatura.

Prima venne installato un parabrezza di vetro blindato da 38 mm, poiché, come disse il maresciallo dell'aria Dowding, se i gangster di Chicago hanno i parabrezza blindati, anche i miei piloti devono averceli.
Poi vennero installate altre piastre di corazzatura.
Dapprima, l'unica protezione in tal senso era rappresentata dal sedile corazzato del pilota, capace di proteggerlo solamente dal critico settore d'attacco posteriore.
Il peso del seggiolino era di 33 kg.
Gli specchietti retrovisori apparvero anch'essi durante il 1940.

- Il combustibile da 100 ottani, importato dagli Stati Uniti, prese il posto di quello da 87 ottani, consentendo di aumentare il rapporto di compressione e, quindi, la potenza.

Con una piccola modifica al motore e il nuovo combustibile era possibile erogare anche 1.300 hp, per 5 minuti al massimo.
La massima pressione di alimentazione aumentò da 2,7 a 5,5 kg e questo consentì di migliorare la velocità sotto la quota del massimo valore normale (5.030 metri), 40 km/h in più al livello del mare e 55 km/h a 3.050 metri.

- I serbatoi furono ricoperti da uno strato di materiale protettivo.

Questi erano appena avanti all'abitacolo, e se durante un combattimento erano colpiti da proiettili tendevano a prendere fuoco, distruggendo l'aereo e mettendo in pericolo la vita del pilota; poteva accadere, infatti, che la benzina infiammata arrivasse dentro l'abitacolo anche senza che i serbatoi esplodessero.
Si trattava di uno strato sottile di 3 mm in lega leggera d'alluminio, molto ridotto rispetto a quanto ci si potrebbe aspettare, ma i limiti di peso non consentivano di più.
I cannoni Hispano Suiza pesavano meno del gruppo delle mitragliatrici Browning, ma a causa dell'attrito provocato dalle bocche, che fuoriuscivano dal bordo anteriore dell'ala, comportavano una riduzione della velocità massima di 5 km/h.

- La pedaliera del timone venne inoltre strutturata su due posizioni.

Quella normale e quella per il combattimento, che era di 15 cm più alta e consentiva di realizzare una migliore resistenza del pilota alle manovre violente, che erano capaci con questo caccia di causare temporanea perdita della vista.
Le accelerazioni sopportabili per il pilota erano aumentate almeno di 1 G senza perdita di efficienza.

La Quota di tangenza

La quota di tangenza è quell'altitudine, riferita al modello di atmosfera standard, oltre la quale un velivolo non possiede più equilibrio propulsivo, ovvero la potenza disponibile è inferiore alla potenza necessaria nel caso dei motoelica, e la trazione disponibile è inferiore alla trazione necessaria nel caso dei turbogetto.
Ciò non significa che il velivolo non possa raggiungere quote superiori alla tangenza, ma che non lo può fare in condizioni di volo rettilineo orizzontale.

Tangenza teorica

La potenza erogata da un propulsore aeronautico, a causa della progressiva rarefazione dell'aria, tende a decrescere all'aumentare della quota, mentre la potenza necessaria per mantenere un velivolo in volo livellato aumenta.
Esiste un'altitudine alla quale la potenza massima resa disponibile dal propulsore è uguale alla potenza minima necessaria al velivolo per mantenersi in volo orizzontale.
Tale quota è detta quota di tangenza teorica perché le curve della potenza erogata e della potenza necessaria in funzione della velocità di volo, tracciate per questa specifica quota, risultano essere tangenti.
Questo punto rappresenta l'unico valore di velocità possibile per il volo a quota di tangenza.

Tangenza pratica

In caso di volo in salita, con la decrescita dell'esubero di potenza, ovvero della differenza tra la potenza erogata dal propulsore e la potenza richiesta per mantenere il velivolo in condizioni di volo livellato, si osserva una diminuzione della velocità di salita poiché, approssimandosi alla quota di tangenza teorica, tale velocità tende a zero e, di conseguenza, il tempo impiegato dal velivolo per raggiungere questa condizione risulta teoricamente infinito.

- Si introduce, quindi, il concetto di quota di tangenza pratica come la quota alla quale il velivolo ha ancora sufficiente esubero di potenza per salire con una velocità di 100 ft/min (0,508 m/s).

La quota di tangenza di un aeroplano dipende dalle sue caratteristiche.
Ad esempio, il Concorde aveva un'elevata quota di tangenza, maggiore dei normali aerei civili, perché progettato appositamente per sfruttare la rarefazione dell'aria ad alta quota per raggiungere velocità supersoniche.
Tangenze elevate si sono potute raggiungere anche grazie alla pressurizzazione della cabina degli aerei: ad esempio, il bombardiere della Seconda guerra mondiale B-29 Superfortress fu il primo aereo della storia pressurizzato e poteva sfuggire facilmente dagli attacchi nemici arrivando a una quota che né la contraerea, né i caccia giapponesi erano in grado di raggiungere.
In Europa, invece, i tedeschi disponevano di aerei, quali l'Me-262 o il Komet, che potevano facilmente superare in altitudine le formazioni nemiche.

Tecnica

Nel 1934, Mitchell e lo staff di progettazione decisero di utilizzare una forma alare semiellittica per risolvere due requisiti contrastanti; l'ala doveva essere sottile per evitare di creare troppa resistenza, ma doveva essere abbastanza spessa da ospitare il carrello di atterraggio retrattile, l'armamento e le munizioni.

- Una forma in pianta ellittica è la forma aerodinamica più efficiente per un'ala non attorcigliata, che porta alla minima quantità di resistenza indotta.
- L'ellisse era inclinata in modo che il centro di pressione, che si verifica nella posizione del quarto di corda, si allineasse con il longherone principale, impedendo alle ali di torcersi.

L'ala di forma ellittica era un diretto risultato della richiesta di Mitchell per un'ala sottile, ma abbastanza spessa, e strutturalmente abbastanza forte, nel punto in cui incontrava la fusoliera, per contenere armi e carrello retratto.
Il numero delle Brownings 303 era, infatti, salito a otto, seguendo le raccomandazioni dello Squadron Leader Ralph Sorely dell'Operational Requirements dell'Air Ministry, così l'ala doveva essere abbastanza lunga da contenerle.

- L'ellisse era, semplicemente, la forma che consentiva un'ala più sottile possibile, con spazio all'interno per trasportare la struttura necessaria. E aveva un bell'aspetto.

La sezione alare utilizzata era della serie NACA 2200, che era stata adattata per creare un rapporto spessore-corda del 13% alla radice, ridotto al 9,4% all'estremità.

- Fu adottato un diedro di 6° per dare una maggiore stabilità laterale.

Una caratteristica dell'ala che contribuì notevolmente al suo successo fu un innovativo design del braccio del longherone, composto da cinque tubi quadrati che si incastravano l'uno nell'altro.

Man mano che l'ala si assottigliava lungo la sua apertura, i tubi venivano progressivamente tagliati via in modo simile a una balestra: due di questi bracci erano collegati tra loro da una rete in lega, creando un longherone principale leggero e molto resistente.
Le gambe del carrello di atterraggio erano attaccate a punti di articolazione integrati nella sezione interna posteriore del longherone principale e si ritraevano verso l'esterno e leggermente all'indietro in pozzetti nella struttura alare non portante.
La stretta pista del carrello di atterraggio risultante era considerata un compromesso accettabile in quanto riduceva i carichi di flessione sul longherone principale durante l'atterraggio.

- Davanti al longherone, il bordo d'attacco a pelle spessa dell'ala formava una scatola a forma di D robusta e rigida, che sosteneva la maggior parte dei carichi alari.

Al momento della progettazione dell'ala, questo bordo d'attacco a forma di D era destinato a ospitare condensatori di vapore per il sistema di raffreddamento evaporativo destinato al PV-XII: tuttavia, problemi costanti con il sistema evaporativo nel Goshawk portarono all'adozione di un sistema di raffreddamento che utilizzava glicole al 100%.
I radiatori erano alloggiati in un nuovo condotto del radiatore progettato da Fredrick Meredith del Royal Aircraft Establishment (RAE) a Farnborough, Hampshire.
Questo utilizzava l'aria di raffreddamento per generare spinta, riducendo notevolmente la resistenza netta prodotta dai radiatori: a sua volta, la struttura del bordo d'attacco perse la sua funzione di condensatore, ma fu successivamente adattata per ospitare serbatoi di carburante integrali di varie dimensioni.
Il flusso d'aria attraverso il radiatore principale era controllato da alette di uscita pneumatiche.
Nei primi modelli dello Spitfire (da Mk I a Mk VI), l'aletta singola veniva azionata manualmente utilizzando una leva a sinistra del sedile del pilota.
Quando il Merlin a due stadi fu introdotto nello Spitfire Mk IX, i radiatori furono divisi per fare spazio a un radiatore

intercooler; il radiatore sotto l'ala di dritta fu dimezzato in dimensioni e il radiatore dell'intercooler fu alloggiato accanto.

- Sotto l'ala di sinistra, una nuova carenatura del radiatore ospitava un radiatore dell'olio quadrato accanto all'altra unità di metà radiatore: i due deflettori del radiatore erano ora azionati automaticamente da un termostato.

Negli anni successivi, Shenstone fu sempre pronto a ripetere che la famosa ala dello Spitfire non era copiata da quella dell'elegante Heinkel He 70, un piccolo aereo postale e potenziale bombardiere a tuffo della Luftwaffe, che volò per la prima volta nel 1932.
Sta di fatto che la Rolls-Royce era così entusiasta del potenziale dell'He 70 come piattaforma di volo per motori sperimentali, che inviò una squadra in Germania per comprarne uno.
E il Governo tedesco approvò l'affare, ma soltanto in cambio di un numero di motori Rolls-Royce Kestrel.

- La forma ellittica riduceva la curvatura delle ali fino alla punta causando un flusso d'aria in modo uniforme su tutta la lunghezza e una forza di spinta vicina allo zero alla sua estremità: tutto ciò migliorava l'efficienza aerodinamica.

Un'altra caratteristica dell'ala era il suo "washout".
Il bordo d'uscita dell'ala si attorcigliava leggermente verso l'alto lungo la sua apertura, l'angolo di incidenza diminuiva da +2° alla radice a -1/2° alla punta.
Ciò causava lo stallo delle radici alari prima delle punte, riducendo lo stallo delle punte che altrimenti avrebbe potuto causare una caduta dell'ala, spesso portando a una vite.
Quando le radici alari iniziarono a stallare, il flusso d'aria di separazione iniziava a colpire (a far vibrare) l'aereo, avvisando il pilota, consentendo anche ai piloti relativamente inesperti di pilotarlo al limite delle sue prestazioni.

- Questo washout fu presentato per la prima volta nell'ala del Tipo 224 e divenne una caratteristica costante nei progetti successivi che portarono allo Spitfire.

Il complesso design dell'ala, in particolare la precisione richiesta per fabbricare le strutture vitali del longherone e del bordo

d'attacco, causò alcuni ritardi importanti nella produzione dello Spitfire all'inizio.
I problemi aumentarono quando il lavoro fu affidato a subappaltatori, la maggior parte dei quali non aveva mai avuto a che fare con aerei ad alta velocità con struttura in metallo: tuttavia, entro giugno 1939, la maggior parte di questi problemi era stata risolta e la produzione non era più ostacolata dalla mancanza di ali.
Il suo impiego, tuttavia, è rimasto limitato per diversi motivi:

- La fabbricazione di componenti ellittiche è difficile e costoso.
- La forma ellittica pura è un mito. Un'ellisse troncata può avere la stessa efficacia, mentre un'ala trapezoidale, più facile da produrre, ha un'efficacia molto prossima.
- La spinta uniforme su tutta l'ala aumentava il rischio di stallo a bassa velocità.

La nomenclatura dell'armamento nello Spitfire ha una certa razionalità e facilità di lettura.
Infatti, esistono 4 tipi diversi di ala (intesa come armamento alare): tipo A, B, C, E.
La D era disarmata e conteneva carburante.
L'armamento standard installato nella cosiddetta "Ala A", era di otto mitragliatrici Browning da 7.7 mm, dotate di 300 colpi ciascuna, posizionate per sparare al di fuori del disco dell'elica, in una batteria alare collimata per far convergere la raffica a una certa distanza dal muso, per un totale di quasi 17 secondi di fuoco.
I primi Spitfire furono consegnati, però, con solo quattro mitragliatrici, perché vi era scarsità di Browning.
Le altre quattro furono installate più tardi.
I piloti, fin dai primi scontri nella Battaglia d'Inghilterra, si lamentarono di tale armamento che era decisamente inefficacie contro i bombardieri, che potevano tornare in base nonostante fossero stati crivellati di colpi, evidentemente troppo leggeri.
Per quanto riguarda, invece, i dogfight contro i Bf 109, essa era abbastanza valida, grazie soprattutto all'elevata cadenza di tiro.

- Le prove di tiro dimostrarono che le Browning funzionavano perfettamente sia a terra che a bassa quota, ma che il freddo estremo ad alta quota tendeva a congelare le armi, specialmente quelle più esterne.

Dato che le mitragliatrici sparavano da un portello aperto, l'aria fredda scorreva dentro la canna senza ostacoli: bisognò, quindi, escogitare un sistema di riscaldamento, con condotti che canalizzavano l'aria dal radiatore del motore alle armi, e compartimenti per intrappolare l'aria calda nell'ala.
Toppe di stoffa rossa furono usate per proteggere le armi dal freddo, dall'umidità e dalla sporcizia, finché non venivano azionate, il che, oltretutto, permetteva di guadagnare qualche chilometro in velocità massima riducendo la resistenza aerodinamica.
Nella primavera del 1940 furono introdotti i proiettili incendiari "De Wilde" che raddoppiavano, approssimativamente, l'efficacia delle Browning .303, molto apprezzati dai piloti, perché con i loro brillanti lampi all'impatto, davano una chiara conferma che stavano colpendo il bersaglio.
Nel giugno 1939 fu montato su ogni ala un cannoncino Hispano da 20 mm, con un caricatore a tamburo da 60 colpi, in sostituzione di due delle quattro mitragliatrici Browning.

- Nota come ala "B", questa ala fu collaudata su uno dei primi Spitfire Mk.I di produzione, nel febbraio 1939 ed era composta da 2 cannoni Hispano da 20 mm (con 60 colpi l'uno) e 4 Browning da 7,7 mm (con 350 per arma).

Questo velivolo divenne il prototipo dello Spitfire IB di cui vennero consegnati 30 esemplari entro l'agosto 1940 per prove sperimentali.
Tuttavia, in servizio non furono di pieno gradimento e vennero ritirati in quanto il caricatore a tamburo, dopo qualche colpo, provocava l'inceppamento del cannone, oltre ad avere pochi colpi, sufficienti per soli 5 secondi di fuoco.
I frequenti inceppamenti erano dovuti soprattutto al fatto che l'ala non era sufficientemente rigida per l'Hispano, ma anche al montaggio su di un fianco dei cannoncini, allo scopo di contenere il più possibile nell'ala il caricatore con i colpi.
Nel gennaio 1940, il Pilot Officer George Proudman usò il prototipo con i cannoncini in combattimento, ma dovette riferire

che l'arma a dritta si era bloccata dopo aver sparato un solo colpo, mentre quella a sinistra aveva sparato 30 colpi prima di incepparsi.
Casualmente un Dornier Do 17 fu abbattuto da uno Spitfire armato di cannoni ai primi del marzo 1940.

- Nel giugno 1940 i primi Spitfire armati di cannone vennero forniti allo Squadrone 19, ma gli Hispano si rivelarono fortemente inaffidabili e se uno dei due si inceppava, il rinculo dell'altro spostava lateralmente l'aereo influenzando negativamente la mira.

In combattimento il cannone risultò così inaffidabile che il 19° chiese uno scambio dei suoi aerei con quelli più usurati, ma armati di mitragliatrici, di un'unità di addestramento operativo.
Lo scambio venne effettuato in settembre, ma nel mese precedente la Supermarine aveva perfezionato una più efficace installazione per il cannone con un migliorato meccanismo di alimentazione.
Il sistema di caricamento a tamburo venne sostituito da uno a nastro, basato sul disegno del francese Chatellerault, allo scopo di aumentare la quantità di munizioni a disposizione.
La ditta britannica, dall'ottobre in poi, consegnò i nuovi velivoli (equipaggiati anche di quattro mitragliatrici alari) al 19° che li utilizzò in combattimento.

- Il meccanismo a nastro, però, che utilizzava una molla tenuta carica dal rinculo, aggiunse ulteriori 8 kg al peso dell'arma che normalmente pesava 50 kg.

Ma l'affidabilità degli Hispano non fu mai elevata.
Normalmente si inceppavano ogni 1.500 colpi, ma sugli aeroporti improvvisati e polverosi, come quelli improvvisati sulla spiagge della Normandia e del deserto, la media si dimezzava.
Inoltre, alle quote sempre più alte raggiunte dagli Spitfire, erano soggetti più delle Brownings a malfunzionamenti da congelamento.

- L'ala tipo "C" venne chiamata anche "universale", poiché dava la flessibilità per montare due diverse opzioni armamenti: 2 cannoni più 4 mitragliatrici oppure 4 cannoni.

Si poteva cambiare armamento direttamente sul campo d'aviazione e in relativo poco tempo.
Vennero adottati i nuovi Hispano Mk II che davano la possibilità di raddoppiare il numero di munizioni (ora 120 per arma).
Fu maggiormente usata la combinazione 2 cannoni e 4 mitragliatrici, che dava allo stesso tempo un'elevata cadenza di tiro e un ottimo potenziale di fuoco.

- L'ala di tipo "D" fu usata per gli Spitfire per aumentarne l'autonomia, in quanto montava, in posizione anteriore dell'ala, un serbatoio da 66 galloni (300 litri). Per evitare che l'espansione del carburante, dovuta al calore, danneggiasse l'ala, valvole di sicurezza, con piccoli tubi di sfiato esterni, furono montate vicino alle estremità delle ali
- L'ala tipo "E" era derivata dall'ala tipo C, di cui mantenne la struttura principale.

Gli spazi per le mitragliatrici vennero chiusi, il cannone da 20 mm spostato più indietro, quindi, appariva più carenato, e l'altro spazio per il cannone venne occupato da una mitragliatrice pesante da 0.50 (12,7mm).

- Ne risultava un armamento complessivo di 2 Hispano con 120 colpi ciascuno, sufficienti per 11 secondi di fuoco, e 2 Browning da 12,7 mm (0.50) con 250 colpi l'una, sufficienti per per 18 secondi di fuoco.

Le ultime versioni dello Spitfire (a partire dal Mk.21) ebbero un'ala totalmente riprogettata.
La struttura alare fu rivista, alettoni più grandi per aumentare il rollio, estremità alari leggermente diverse che modificarono lievemente l'ellitticità tipica dell'ala.
Inoltre, fu disegnato un nuovo carrello più alto per consentire l'uso di grandi eliche controrotanti: esso era completamente carenato una volta chiuso in volo.

- L'armamento era composto da 4 cannoni Hispano (Mk II o Mk V).: non venne mai designata con una lettera, si usava chiamarla "ala nuova".

La soluzione che venne trovata di maggior rapporto costo-efficacia fu quella di avere due cannoni da 20 mm nelle posizioni più interne e 4 mitragliatrici 7,7 mm in quelle più esterne, con circa 300 colpi l'una.
Questo dava un risultato diverso a seconda dell'autonomia di fuoco: per i primi 6 secondi lo Spitfire poteva massacrare qualunque cosa si trovasse nel mirino, data la potenza degli Hispano: poi, però, restava solo con quattro 7,7 mm, scarsamente efficaci.
Il Macchi 202, per esempio, era dotato sì di 2 armi da 12,7 mm, ma con una forte autonomia di fuoco (teoricamente fino a 400 colpi l'una, in pratica 350-370), sicché aveva la possibilità di erogare fuoco continuo per circa 40 secondi, e per giunta dalla posizione più consona, quella delle armi nel muso, con una mira naturale e istintiva, anche senza usare il sistema S. Giorgio a riflessione.
Lo Spitfire aveva tutte le armi nelle ali, il che le portava al di fuori del disco dell'elica, una scommessa non da poco perché significava istallarle tutte a notevole distanza dalla fusoliera.

- La stabilità e la concentrazione di tiro dovevano essere curate al meglio.

D'altro canto, non c'era limitazione alla loro cadenza di tiro e il grosso numero di armi a bordo era sufficiente per un tiro efficace e per investire con un gran numero di colpi un qualunque obiettivo; ma senza i 20 mm non era superiore al potenziale di fuoco del Macchi, e passava addirittura in svantaggio se questo aveva le due 7,7 mm aggiuntive, raramente portate dato che aumentavano il peso di circa 100 kg.
Il Macchi era poco armato e al contempo pesante, per cui non stupisce che fosse anche una piattaforma stabile di tiro, grazie anche alla concentrazione delle armi nel muso o al più, nella parte interna delle ali (per giunta erano armi da 7,7 mm).

- Per un margine maggiore di superiorità lo Spitfire dovette aspettare, appesantendosi ulteriormente, i cannoni a nastro, con 120 colpi e, quindi, 12 secondi di fuoco, un margine molto più confortevole (6 raffiche da 2 secondi, ad esempio).

Contro il Bf-109 anche, il giudizio era tutt'altro che univoco.
Il Bf-109F era l'equivalente dello Spitfire e aveva 150 colpi da 15 o da 20 mm, più due armi da 7,92 mm.
L'autonomia di fuoco delle mitragliere pesanti era di circa 12 secondi, per cui anche qui, contro lo Spitfire, lo svantaggio era minore di quello che potesse sembrare: il cannone era uno solo, ma con un'autonomia di fuoco doppia , fino all'arrivo dello Spitfire Mk.VC.

- Quando finivano le munizioni dei 20 mm, i due contendenti potevano avere la disponibilità delle armi leggere, ma il Bf-109 ne aveva solo due contro le quattro dello Spitfire.

In effetti, come armamento, lo Spitfire aveva in ciascuna ala lo stesso armamento che il Bf-109F aveva in tutto.
Come si vede, il numero e il calibro delle armi da fuoco era pagato da un'autonomia di fuoco ridotta, che rendeva necessario piazzare con grande precisione le raffiche di bordo.
Le 12,7 mm erano, comunque, un cliente insidioso perché sufficientemente potenti per perforare strutture robuste come i longheroni e le blindature a protezione del pilota di molti aerei.
Gli Inglesi avrebbero dovuto saperlo, visto che gli aerei americani, data la fede nell'M2, arma in effetti poderosa, anche se piuttosto pesante, erano tutti armati di queste mitragliatrici.

- I P-40 erano piuttosto goffi, ma con 4 o 6 M2 e una buona dotazione di colpi, circa 300 per arma, erano capaci di causare danni enormi a qualunque cosa volasse, e su cui riuscissero a mirare.

I Sovietici interpretarono a modo loro la questione, sostituendo le mitragliatrici dell'Hurricane (moltissimi vennero dati come aiuto) con 6 da 12,7 mm, talvolta una settima rivolta all'indietro per autodifesa. Al contrario, i P-40, che restavano usati sopratutto come caccia, ebbero un alleggerimento, spesso limitandosi a sole due M2.

- In termini di potenza di fuoco, lo Spitfire Mk.V possedeva sei secondi per i 20 mm e circa 35 secondi per le 7,7 mm: raffica di due secondi, uguale 40 colpi da 20 e 133 da 7,7 mm, pari a 11,3 kg di cui una parte apprezzabile di esplosivo.
- Il Bf-109F-2 poteva tirare 25 colpi da 15 mm e 67 da 7,92, pari a 5,2 kg.
- Il Macchi M.C.202 circa 36 da 12,7 mm o 1.300 grammi, circa, di cui un massimo di circa 30 di HE (pentrite), ovvero quanto potevano tirare 3 o 4 colpi da 20 mm.

Il fattore distruttivo di queste armi è stato calcolato in vario modo:

- Hurricane e Spitfire Mk.I di 160 (8 x 7,7 mm) con 1,7 kg di munizioni/s,
- Il Bf-109E arrivava a 2,37 kg o a un potenziale di 286.
- Il Ki-61 con cannoni da 20 arrivava a 362.
- Il P-40E a 360.
- Il Macchi M.C.205 a 438.
- Il P-47 a 480.
- Il FW-190A-4 a 666.
- Fino a salire a 2.320 per il Me.262 (4 Mk 108).

Lo Spitfire Mk.VC con 4 armi da 20 poteva tirare per dodici secondi raffiche da 10 kg/s.

C'era anche un incremento progressivo di corazzature, che nel modello Mk.VC divennero 87,6 kg totali, anche per i depositi dei cannoni da 20 e per il liquido di raffreddamento nel serbatoio dietro l'elica.

Presto comparvero motori come i Merlin 50 e 55 per le basse quote, potenti fino a 1.585 hp, e gli attacchi per due bombe da 113 kg o una da 227 kg.

Tra le innovazioni che lo Spitfire introdusse nelle sue prime forme vi fu anche l'adozione di alettoni interamente metallici, invece di quelli ricoperti in tela: questi ultimi erano sì più facili da costruire e leggeri, ma erano anche, paradossalmente, “pesanti” quando si trattava di volare ad alta velocità, perché tendevano a gonfiarsi e a bloccare i comandi, specie oltre i 600 km/h.

- Questo non impedì agli Spitfire di lanciarsi in picchiate paurose, nelle quali si registrarono persino 960 km/h (600 miglia orarie) già nel 1940.

Se questa misurazione fosse stata accurata, cosa non necessariamente vera, gli strumenti dell'epoca non erano esattamente di precisione, si trattava di un valore eccezionale, comunque sufficiente a riacchiappare i Bf-109 dopo un inseguimento iniziato da alta quota.

Lo Spitfire riusciva a dimostrarsi superiore aerodinamicamente al rivale, superandolo come velocità di picco e recuperando lo svantaggio iniziale. Ma i comandi non erano testati per queste esperienze: gli alettoni erano uno di essi.

Non si sa bene quanti gradi al secondo di rateo di rollio, e quanta leggerezza consentissero rispetto ai comandi normali, ma si sa che effetto sortirono.

Douglas Bader si lanciò all'attacco di una formazione di Bf-109, solo per essere richiamato dai suoi compagni che gli dissero per radio: *"Non possiamo seguirti, non abbiamo ancora quei maledetti alettoni metallici"*.

Quindi, Bader riusciva, in quelle manovre veloci, a distanziare la sua formazione non omogeneamente equipaggiata. Chissà se in seguito, il suo abbattimento non fu determinato anche da questo.

Un problema inerente all'efficacia degli alettoni, è che, comunque, l'ala monolongherone degli Spitfire non era sufficientemente robusta per sopportare l'azione di questi sistemi e si arrivava velocemente alla velocità di inversione dei comandi, originariamente intesa attorno ai 930 km/h.

Sarà solo l'F Mk 21 che riuscirà a portarla a oltre 1.100 km/h.

- Gli alettoni erano di tipo Frise, non erano dotati di trim, ma si poteva regolare a terra il bordo d'uscita una sola volta.

Timone ed elevatore erano mossi da catene chiuse di cavi d'acciaio, duplicati per sicurezza, e incrociati per ottenere il

corretto movimento dell'elevatore: sui comandi di coda il pilota poteva agire anche con i trim per regolare gli assetti di volo.
I flap (ipersostentatori del bordo d'uscita), totalmente metallici, erano due per ala, e avevano solo due posizioni, aperti o totalmente chiusi: non potevano essere usati per le fasi di decollo, mentre questo venne reso possibile con la versione navalizzata, il Seafire, grazie all'installazione di una posizione intermedia di 18°.
L'impianto idraulico era dotato di una pompa azionata dal motore con 1.800 psi di pressione, e veniva usato per il solo carrello dal MkII in poi.
I serbatoi per il carburante erano due: da 218 e 168 litri, posti uno sull'altro a metà fusoliera, giusto davanti all'abitacolo.
Originariamente erano privi di protezioni, ma in seguito vennero sia protetti sia integrati da unità aggiuntive esterne, fino a un massimo di 773 litri, con la possibilità di aumentare ulteriormente la dotazione grazie a un serbatoio interno, situato nel lungo elemento posteriore di fusoliera, con altri 132 litri.

Caratteristiche Tecniche

Dimensioni e pesi

- Lunghezza: 9,12 metri
- Apertura alare: 11,23 metri
- Altezza: 3,86 metri
- Superficie alare: 22,48 m^2
- Peso a vuoto: 2.309 Kg
- Peso carico: 3.004 Kg
- Peso massimo al decollo: 3.071 Kg

Propulsione

- Motore: un Rolls-Royce Merlin Mk.45
- Potenza: 1.470 hp (1.096 kW)

Prestazioni

- Velocità massima: 594 km/h
- Velocità di salita: 19,7 m/sec
- Autonomia: 1.827 km
- Tangenza: 11.300 metri

Armamento

- Mitragliatrici: 4 Browning calibro 7,7 mm
- Cannoni: 2 Hispano calibro 20 mm
- Bombe: 2 da 113 kg

La battaglia d'Inghilterra

Quando, il 12 agosto 1940, ebbe inizio la battaglia d'Inghilterra, gli Spitfire erano in servizio in circa 250 esemplari in prima linea, contro 350 Hurricane, c'erano anche Defiant, Blenheim e qualche Gladiator.
Dall'altra parte 2.500 aerei tedeschi, di cui un migliaio almeno di Bf-109.
Le cifre, però, fanno fede solo alle unità di prima linea, e non ai mezzi di riseva: i soli Spitfire Mk.I prodotti arrivarono a 1.500, gli Hurricane Mk.I a 2.300.

- Quindi, gli aerei di riserva non mancavano: l'ordine di battaglia della RAF schierava 19 Squadron di Spitfire I.

Lo Spitfire divenne il caccia simbolo della Battaglia d'Inghilterra, ma i Tedeschi, in realtà, non dovevano a loro la maggior parte delle perdite: può sembrare strano, ma gli Hurricane da soli abbatterono più aerei di tutti gli altri sistemi difensivi messi insieme dai Britannici.
Ovviamente era anche più diffuso dello Spitfire, e subì anche perdite maggiori.
Forse la sua fortuna era che avesse spesso il compito di affrontare i bombardieri nemici mentre gli Spitfire si occupavano dei caccia, ma in pratica spesso la cosa non si realizzava in questi termini.
L'Hurricane era impiegato ovunque si potesse mandarlo, e la stabilità di tiro, a quanto pare maggiore dello Spitfire, nonché la robustezza, lo aiutava molto a distruggere i bombardieri con raffiche prolungate ed efficaci.
Ma non era facile: spesso i bombardieri nemici tornavano alla base con oltre 200 fori di proiettile, per cui il problema non era tanto questo, e nemmeno la cattiva mira dei caccia britannici.
In ogni caso era difficile aspettarsi più del 5-10% dei proiettili a segno.

- Il problema della Battaglia d'Inghilterra non era però tanto tecnico quanto tattico.

Si pensava che i bombardieri che avessero mosso verso il territorio nazionale, sarebbero stati senza scorta, quando la guerra fosse scoppiata in un futuro che prima o poi sarebbe giunto, dati i programmi di riarmo, diventati disperatamente inesorabili dopo il 1938 (quando finalmente il mondo cominciò a capire la 'trattabilità' del nazifascismo).
Non si prevedeva il crollo repentino della Francia.
Ma successe.
Del resto nemmeno i Tedeschi prevedevano di attaccare così massicciamente la Gran Bretagna.
Il Bf-110 era la loro principale risorsa, ma esso dimostrò una maneggevolezza insufficiente contro i caccia RAF, così come era accaduto anche in Francia: quindi il successo che ebbe in Polonia come principale caccia della LW non si sarebbe ripetuto.
C'era bisogno dei Bf-109, ma questi non avevano abbastanza autonomia: purtroppo per i Tedeschi, la versione che sarebbe servita, la E-7, giunse solo a settembre, troppo tardi.
Con 400 litri interni ma anche 300 in un serbatoio esterno, sarebbe stato il caccia che ci voleva per i combattimenti aerei, aumentando il ridotto raggio di 250 km, 660 km di autonomia a velocità di crociera tipica.
I caccia RAF non avevano buone tattiche: si volava ancora con la formazione a tre, in cui i due gregari dovevano coprire le spalle al capo, ma così facendo erano troppo concentrati nel loro compito e troppo vulnerabili agli attacchi alle spalle.
I Tedeschi avevano le formazioni base di due (coppia) e 4 aerei (sezione), molto più flessibili operativamente.

- I Tedeschi avevano già i loro piani: chi attacca ha sempre un vantaggio iniziale sulla difesa, e così era possibile per loro organizzare, all'insaputa dei difensori, delle grandi incursioni: senza radar, esse sarebbero state micidiali e incontrastabili.

Ma stranamente, nonostante un attacco iniziale con i BF-110, i Tedeschi rinunciarono a distruggere le postazioni radar britanniche. Eppure non sarebbe stato difficile: non si potevano nascondere antenne alte oltre 100 metri.

L'azione iniziale colpì 5 stazioni e ne distrusse una, ma finì lì anche per le perdite subite.
I Tedeschi avevano i radar di difesa aerea, ma, per quanto possa sembrare difficile da capire, non portarono a fondo questo tipo di attacco: piuttosto, a luglio persero dozzine di aerei per attaccare il traffico costiero.
La Battaglia iniziò ufficialmente attorno al ferragosto del 1940, ma è una data indicativa, perché si combatteva anche da prima. Solo che a un certo punto, persa ogni speranza di far arrendere o scendere a patti la Gran Bretagna, Hitler voleva usare la mano pesante: del resto erano stati gli Inglesi a colpire Berlino fin da maggio.
Nel periodo tra il 10 luglio e il 31 ottobre 1940, anche a causa delle tattiche troppo rigide della RAF rispetto agli schemi estremamente flessibili dei tedeschi, si persero 352 Spitfire, con un rapporto vittorie/sconfitte leggermente negativo rispetto al Bf 109 (1,4:1);:

- 242 Spitfire abbattuti da Bf 109 contro 168 Bf 109 abbattuti dagli Spitfire.

Così, in questa forsennata battaglia, che avrebbe dovuto confermare le teorie Douhettiane della guerra aerea come arma risolutiva, migliaia di giovani morirono inseguendosi con i loro aerei armati di batterie di mitragliatrici. Nacque il mito, quello del "mai così tanti dovettero tanto a così pochi", ma a che prezzo. Anche a terra gli Inglesi ebbero perdite e danni non indifferenti, ma non vennero piegati.
Non furono solo i pochi piloti che determinarono questo: le sale di controllo, gli avieri, gli operai e i tecnici che sfornarono grandi quantità di aerei ed equipaggiamenti erano la parte sommersa dell'iceberg: la popolazione britannica, sentendosi tutt'altro che inerme grazie ai loro aviatori, riuscì a incassare con spirito la peggiore campagna di bombardamenti fino ad allora realizzata in Europa, e, per intensità materiale, nel mondo.

- Alla fine, tutto venne deciso dalle capacità industriali: gli Spitfire e gli Hurricane costruiti o riparati furono così tanti che gli aviatori britannici non ebbero mai scarsità di aerei.

Piuttosto, mancavano i piloti, tra morti e feriti: non si potevano produrre a getto continuo.
Ma anche i Tedeschi perdevano aviatori, e chi cadeva in missione era morto o fatto prigioniero, quindi, era perduto. Non così per i britannici.

- La "Rotte", o coppia "sciolta" tedesca consisteva in due soli aerei, che erano quelli del capo coppia e del gregario che faceva da guardaspalle.

Era molto migliore, e ancora meglio era la Schwarme, due "Rotte" che facevano un fronte di aerei ben armati e che si coprivano l'un l'altro, con la capacità di manovrare tutti al loro meglio; invece, nella formazione a tre britannica era il capo formazione che virava a piacere, mentre i gregari erano incollati alla sua coda, e dovevano seguirlo, finendo per non capire bene quello che stava succedendo.
A parte questo, i combattimenti ad alta velocità non erano contemplati per l'eccesso di accelerazione subita dal corpo, per cui la velocità era vista soprattutto come potenzialità di avvicinarsi e allontanarsi dal luogo del combattimento, più che come risorsa da sfruttare.
Era faticoso combattere così, ma i piloti inglesi, a maggior ragione per la doppia pedaliera, dimostrarono che si poteva fare senza troppi problemi. I Tedeschi lo sapevano senza dover fare nuove esperienze: l'avevano già capito combattendo contro gli I-16 in Spagna, dove i loro Bf-109B e C erano costretti, volenti o nolenti, a non farsi coinvolgere in combattimenti ravvicinati contro i più agili e armati avversari, che tra l'altro erano appena inferiori in velocità.
Restava il vantaggio dell'alta quota, e come diceva Udet (asso del 1916) chi ha più quota vince, tradotto ha più energia messa in cascina (quota = energia potenziale) e può usarla per attacchi in picchiata e poi veloci cabrate per tornare alla quota di "sicurezza".

- Gli Spitfire e gli Hurricane avevano una maggiore agilità e un armamento più adatto all'attacco dei bombardieri, con poche armi di potenza piuttosto elevata, ma ridotta cadenza di tiro e autonomia di fuoco.

I Bf-109E, esauriti i sette fatidici secondi di fuoco concesso dagli MG FF, restavano solo con due MG 17, troppo poco per abbattere facilmente i bersagli, mentre la cadenza e la velocità dei proiettili non era molto adatta al combattimento contro bersagli piccoli e agili come i caccia.
Le 8 Browning degli aerei britannici erano più efficaci contro i caccia, ma per ironia del destino, il loro compito principale avrebbe dovuto essere quello di colpire i bombardieri.
Insomma, tutto sommato, i Bf-109E e gli Spitfire avrebbero dovuto scambiarsi le armi di bordo per fare davvero le cose per il verso giusto.
Agli Spitfire l'armamento dei Bf-109 sarebbe stato stretto, con la loro ala molto capace; ai Bf-109 sarebbe stato, invece, fin troppo largo, perché ben difficilmente avrebbero potuto ospitare tante armi come gli Spitfire.
Questi ultimi avevano il loro caratteristico muso alto, perché il motore britannico aveva i cilindri a V convenzionale, non invertita come nel caso dei Bf-109, che così potevano permettersi due armi sopra la cappottatura.
Forse, contando anche la terza del cannone-motore, sarebbe stato possibile poi aggiungerne altre due per ala (anziché una sola come i primi BF-109), dato che erano capaci di portare due MG FF da 20 mm.
Per gli Spitfire sarebbe stato un gioco ospitare due MG 17 e due MG FF, mentre di sicuro affidarsi a due soli cannoni non era il massimo, specie considerando l'inaffidabilità complessiva.
Mentre l'Hurricane era nettamente più lento degli altri caccia, incluso il Bf-110, esso era anche più robusto e capace di virare più stretto, ma con comandi piuttosto pesanti e una salita alquanto lenta, rimasta attorno ai livelli dei primi Spitfire, ovvero circa 9 minuti per 6.100 metri.

- Da un confronto con il suo principale antagonista, il Messerschmitt Bf 109, lo Spitfire risultava più veloce e notevolmente più maneggevole, ma il caccia tedesco poteva vantare un armamento più efficace, poteva superare l'avversario britannico in velocità ascensionale, in picchiata e poteva operare a quote più elevate.

Lo Spitfire Mk.I e il Messerschmitt Bf 109E quasi si eguagliavano in velocità al di sotto dei 6.000 metri.
Il caccia della Supermarine aveva un leggero margine alle quote più basse ma, al di sopra, il caccia tedesco diventava progressivamente migliore.
Allo scoppio delle ostilità, il Bf. 109 era probabilmente il miglior caccia d'alta quota del mondo:

- L'accelerazione del Me 109 era migliore a tutte le quote.
- La sua salita "a candela" e la cabrata erano migliori, sebbene non di molto.
- La sua velocità era di 569,70 km/h. (354 mph) a 3.750 metri, 12,87 km/h (8 mph) meno dello Spitfire.

Ma il vantaggio di velocità del caccia della Supermarine poteva essere ingannevole.
A basse quote probabilmente il Me 109 era più veloce, e, in ogni caso, la velocità di ogni singolo aereo variava.
I piloti tedeschi, come scriveva Adolf Galland, nel suo "*The first and the last*", erano convinti che il caccia della Bayerische Flugzeugwerke fosse più veloce alla maggior parte delle quote a cui avvenivano gli scontri.
La quota di tangenza del Bf 109 era di 11.430 metri, contro 10.668 metri dello Spitfire, e la velocità iniziale di salita 945 metri al minuto, contro 750metri al minuto dello Spitfire.
La velocità di rollio dello Spitfire era migliore a basse velocità, sebbene questo vantaggio diminuisse a velocità superiori alle 350 miglia orarie (563,26 km/h).
La sua capacità di virata era chiaramente migliore di quella del Messerschmitt, particolarmente a bassa quota.
Il massimo raggio di virata a 3.600 metri, alla velocità dell'aria di 240 miglia (386,24 km/h.) con entrambi gli aerei che tremavano alla soglia dello stallo dava i seguenti risultati:

- Raggio di virata: Spitfire 609 piedi (185,62 metri), Me 109, 783 piedi (238,65 metri).
- Velocità di virata: Spitfire 33 gradi al secondo, Me 109, 26 gradi al secondo.

Un importante vantaggio di cui godeva il Bf 109 risiedeva nel fatto che il suo motore Daimler-Benz DB 601A era a iniezione di benzina: questo permetteva al pilota di lanciare immediatamente il suo caccia in picchiata, risparmiando secondi preziosi.

- Al contrario, il motore Merlin dello Spitfire, essendo equipaggiato con carburatore, non poteva essere spinto in picchiata direttamente dal volo livellato, in quanto la spinta di G negativi avrebbe interrotto il flusso del carburante, spegnendo istantaneamente il motore.

All'inizio della Battaglia d'Inghilterra i tedeschi catturarono quattro Spitfire.

"A Jever potei volare su uno di loro", ricorda l'Oberleutnant Hans Schmoller-Haldy, della Geschwader 54.
"La mia prima impressione fu che aveva un bel motore, quello del Bf 109 era molto rumoroso. Lo Spitfire era anche più manovrabile e dall'atterraggio più facile. Il Bf 109 non perdonava la minima disattenzione. Con lo Spitfire mi trovai a mio agio da subito, ma la mia impressione fu che il 109 fosse più veloce, soprattutto in picchiata. E la visibilità era migliore: nello Spitfire eri molto arretrato, appena sopra le ali. Personalmente, non avrei mai cambiato il mio 109 con il caccia inglese."

Nella Battaglia d'Inghilterra il Me 109 diede buona prova di sé, abbattendo più caccia di quanti ne fossero persi.
Questo successo fu dovuto in parte all'adozione di migliori formazioni di combattimento, il superiore livello di addestramento dei piloti della Luftwaffe e la qualità media superiore dei caccia tedeschi, essendo la maggior parte di quelli inglesi incontrati allora, costituita da Hurricane.
I piloti da caccia della Luftwaffe volavano in formazioni perfezionate in Spagna e secondo principi della Prima Guerra Mondiale, messi in pratica nel conflitto civile di Spagna.

- L'unità base era la Rotte, composta da due aerei separati da circa 200 iarde.

In questo modo, ogni pilota poteva "coprire la coda", cioè sorvegliare i "punti ciechi" dell'altro, pur restando questo il compito principale del gregario.
Questa unità base poteva essere facilmente ingrandita, semplicemente replicandola.
Due paia costituivano una Schwarme e i quattro aerei affiancati si disponevano proprio come i piloti del grande asso tedesco Oswald Boelcke avevano fatto durante la Prima Guerra Mondiale, formando quella che veniva chiamata "formazione a quattro dita".
Diverse di queste formazioni, scaglionate, costituivano uno Staffel e volavano ondeggiando avanti e indietro per mutua protezione.
Per quanto concerne il Focke-Wulf, questo era più veloce di 25-30 miglia orarie (40-48 km/h) dello Spitfire V in quasi ogni quota.
L'arrivo di questo avanzato caccia con motore radiale BMW spinse Joseph Smith e la sua squadra alla Supermarine ad accelerare al massimo lo sviluppo dello Spitfire.
Ma per la maggior parte dell'anno, e fino all'arrivo dello Spitfire IX, il Fw dominò i cieli.

"Il Focke-Wulf 190 certamente provocò uno shock ai britannici. Questo nuovo caccia superava in cabrata e in picchiata lo Spitfire. Ora, per la prima volta, i tedeschi superavano in volo i nostri piloti".

scriveva Douglas Bader nella sua autobiografia "Fight for the sky".

E li superavano anche in armamento.
La sua velocità di rollio, poi, era incredibilmente rapida, permettendogli di cambiare direzione molto rapidamente.

- Un rapporto ufficiale della RAF del luglio 1942 rivelava che quando il FW era in virata e veniva attaccato dallo Spitfire, il grado superiore di rollio gli permetteva di guizzare picchiando in una virata nella direzione opposta.

Il pilota dello Spitfire aveva una grande difficoltà a seguire la manovra, anche quando era preparato a farlo.
Solo in virata, lo Spitfire manteneva il vantaggio, con il suo carico alare più leggero.
Ma anche questo non era sempre garantito, perché il FW 190 poteva virare molto stretto usando 10 gradi di flap e usando la sua bruciante accelerazione per compensare l'aumento di resistenza aerodinamica.
Esistono diverse testimonianze di FW 190 che hanno superato in virata gli Spitfire, la più conosciuta delle quali è riportata dall'asso Johnny Johnson nel suo libro "Wing Leader", dove racconta di quando un FW 190 gli fece passare un bruttissimo quarto d'ora sopra Dieppe.
Quando un pilota della Luftwaffe atterrò con il suo Fw 190A, intatto, nel Galles del Sud, nel giugno del 1942, furono svolti test comparativi per escogitare i miglior metodi per fronteggiare il nuovo caccia tedesco.
Ai piloti degli Spitfire fu raccomandato di mantenere un'alta velocità di crociera per ridurre le possibilità di essere intercettati.
Come metodo di evasione, al pilota britannico fu consigliato di spingere l'aereo in una picchiata poco profonda, in caso avesse visto in tempo l'aereo tedesco.

- Se l'inseguimento si fosse prolungato, sarebbe stato raggiunto, ma siccome ogni dieci secondi si percorreva circa un miglio, tale azione evasiva poteva essere tentata con qualche speranza di riuscita.

Il nuovo caccia aveva una velocità massima di 656.61 km/h. (408 mph).
Era ben armato con due mitragliatrici da 7,92 mm che sparavano attraverso il disco dell'elica, altre due alle radici delle ali, e un paio di cannoni alari da 20 millimetri.
Con l'Mk.IX si arrivò alla parità, con una velocità di circa 15 km/h inferiore a bassa quota, ma da 2.400 metri lo Spitfire passava in graduale vantaggio, e la salita era pure superiore, specie sopra i 6.700 metri.
Anche la tangenza era stavolta superiore di circa 2.000 metri.

Versioni

Costruito in 20.351 esemplari e in circa quaranta versioni, il Supermarine Spitfire è stato l'unico velivolo a essere prodotto per tutta la durata della seconda guerra mondiale.
Lo Spitfire è stato prodotto in decine di versioni e sottoversioni, che hanno compreso migliaia di apparecchi appartenenti ad almeno tre o quattro generazioni diverse.

- Lentamente, quasi ogni particolare dello Spitfire è stato cambiato, rinforzato o semplicemente migliorato.

A tutti gli effetti, piuttosto che un tipo unico, si tratta di una vera e propria famiglia di aerei, adattata via via per ogni necessità pratica, sebbene il raggio d'azione non fu mai sufficiente per le missioni offensive strategiche, per le quali, comunque, non era stato previsto in sede progettuale.

Spitfire Mk.I

Questa fu la prima versione di serie, entrata in servizio il 4 agosto del 1938: il primo Spitfire Mk.I volò il 14 maggio 1938 con il 19° Squadron della RAF a Duxford, in seguito assegnato a nove squadriglie operative nel settembre 1939, e ad altre dieci entro la metà del 1940.

- Il 19° Squadron, uno degli ultimi squadroni sopravvissuti della Battaglia d'Inghilterra, è stato sciolto il 24 novembre 2011, 96 anni dopo la sua prima formazione.

L'evento di scioglimento, tenuto presso la RAF Valley, è stato guidato dal Generale Kevin Marsh, l'ultimo ufficiale comandante del 19° Squadron: erano presenti il capo dello staff aereo, il Maresciallo Capo dell'Aeronautica Sir Stephen Dalton, l'ex Maresciallo dell'Aeronautica Sir William Wratten e il Luogo Tenete Ken Wilkinson che ha pilotato lo Spitfire nella Battaglia d'Inghilterra nel 19° Squadron.

Dotati del motore Rolls-Royce Merlin II e di otto mitragliatrici da 7,7 mm situate nelle ali, gli Spitfire Mk.I rappresentarono un velivolo operativo, prodotto in 1.519 esemplari che, durante i tragici mesi della battaglia d'Inghilterra, seppero farsi valere nonostante la gran massa dei velivoli nemici.
I primi 174 esemplari differivano dall'originale prototipo per alcuni dettagli: infatti, vennero equipaggiati con il motore Merlin II da 1.044 hp (768 kW), elica bipala a tasso fisso di legno, nessuna corazzatura protettiva, peso al decollo massimo circa 2.600 kg.

- Con benzina con numero di ottano 87 il Merlin II erogava 1.030 hp, ma con numero di ottano 100 ne forniva 1.310 (977 kW) a 3.000 giri/min a 2.745 metri.

Questa modifica, del costo di 53 sterline per aereo, riguardava per lo più il compressore, che ora era in grado di dare èuna pressione di alimentazione di 0,84 kg/cm^2 anziché di 0,44 kg/cm^2.

La differenza risultò colossale: la velocità ascensionale aumentò, e la salita divenne assai più avvertibile; inoltre la velocità massima aumentò di 40 Km/h al livello del mare e di 55 Km/h a 3.000 metri.
Ancora più importante, l'aumento di potenza compensava il peso aggiuntivo delle piastre di corazzatura davanti e dietro il pilota e dell'impianto radio installato su ogni aereo.

Spitfire Mk.I

Caratteristiche principali dello Spitfire Mk.I erano:

- Lunghezza 9,12 metri
- Apertura alare 11,23 metri
- Altezza 3,74 metri
- Superficie alare 22,48 m^2
- Peso: 2.033 kg a vuoto - 2.640 kg massimo al decollo
- Velocità massima 582 km/h a 5.640 metri
- Salita a 6.095 metri in 9'25"
- Tangenza 9.724 metri
- Autonomia 688 km alla velocità di crociera di 489 km/h.

L'Mk.I del marzo 1940 aveva il motore Merlin III anziché il II, la differenza era che la potenza, 900 hp al decollo e 1.060 hp in quota, era erogata al massimo livello non a 5.200 metri, ma a 900 metri appena.

- Peso 2.138-2.745 kg
- Velocità 568 km/h a 6.095 metri
- Salita a 6.095 metri in 7,6 minuti
- Tangenza 10.577 metri
- Dimensioni identiche al modello precedente.

Sempre nel 1940, 30 velivoli furono designati Supermarine Spitfire Mk.IB, in quanto equipaggiati con due cannoni Hispano da 20 mm ciascuno (caricatore a tamburo rotondo da 60 colpi) al posto di quattro delle mitragliatrici, distinguendosi così dai Supermarine Spitfire Mk.IA, dotati delle iniziali otto mitragliatrici da 7,7 mm.
Dal 78°esemplare in poi, l'elica bipala in legno a passo fisso fu sostituita da una de Havilland, sempre bipala, a due passi (peso 183 kg e diametro di 1,93 metri), consentendo al velivolo di incrementare la velocità massima di 8 km/h, da 582 a 590 km/h, a prezzo però di una diminuzione della velocità massima di salita, che passava da 12,85 a 11,05 m/s.
Altre sostanziali modifiche furono l'adozione di una capottina bombata per la cabina, che migliorava la visibilità per il pilota, l'introduzione di un blindovetro posto d'innanzi al parabrezza, di una corazzatura alle spalle del pilota, l'adozione di serbatoi auto stagnanti (rivestimento ignifugo chiamato "Linatex", successivamente sostituito con uno strato di gomma auto sigillante), e la sostituzione del sistema manuale di retrazione del carrello con un dispositivo idraulico, oltre al ruotino di coda al posto del pattino metallico.
Dal 175° esemplare in poi venne introdotta un'altra importantissima modifica, costituita dall'adozione del Merlin III ma in grado di montare un'elica de Havilland tripala a giri costanti (peso 220 kg), che consentiva un dosaggio automatico del passo e conseguentemente dei giri del motore.

- Questa nuova elica consentì un ulteriore aumento generale delle prestazioni, in particolare nel campo della velocità di salita (16,4 minuti per raggiungere i 900 metri, contro i 23,8 dell'elica a due passi).

Sempre a partire dal settembre 1940, fu installato l'equipaggiamento IFF (Identification Friend or Foe – Identificazione amico o nemico) che pesava circa 18 kg e poteva essere identificato da antenne metalliche infilate tra le punte del piano di coda e la fusoliera posteriore.

- Sebbene il peso aggiunto e le antenne riducessero la velocità massima di circa 3 km/h, ciò consentiva all'aereo di essere identificato come "amico" sul radar.

La mancanza di tale equipaggiamento fu un fattore che portò alla Battaglia di Barking Creek il 6 settembre 1939 quando 6 Hurricane del 151° Squadron e gli Spitfire dei 54° , 65° e 74° Squadron, con base a Hornchurch Airfield, si levarono in volo contro un non meglio identificato attacco aereo nemico.
Il risultato fu che Frank Rose e l'ufficiale pilota Montague Hulton-Harrop furono abbattuti e Hulton-Harrop fu ucciso a seguito dello schianto del suo Hurricane a Manor Farm, Hintlesham, Suffolk, a circa 8 km a ovest di Ipswich.
Hulton-Harrop fu il primo pilota britannico della guerra abbattuto da uno Spitfire "amico".
All'incirca nello stesso periodo, le nuove radio VHF T/R Tipo 1133 iniziarono a sostituire i set HF TR9, nuova installazione che permise di rimuovere il filo tra l'antenna e il timone.

- I primi Spitfire Mk I ebbero numerosi inconvenienti.

Come detto, i primi 77 furono dotati di elica bipala in legno a passo fisso; l'elica, essendo a passo fisso, doveva far fronte all'intera gamma delle velocità e risultava, perciò, poco efficiente al decollo.
Bisognava rullare un bel po' prima di riuscire a staccarsi da terra.
Il carrello doveva essere retratto o estratto con una pompa manuale, operazione che provocava facilmente escoriazioni alle nocche delle mani negli angusti abitacoli degli Spitfire.
Si decollava alla massima potenza militare, non alla pressione di alimentazione di emergenza: si bloccava la manetta in avanti per la salita in modo che non potesse tornare indietro, ma restasse ferma su quella potenza, e si toglieva la mano dalla manetta per

afferrare la cloche, che fino allora era stata tenuta con la mano destra.

- A quel punto si stava prendendo quota; si teneva la cloche con la sinistra, mentre con l'altra si agiva sulla leva selettrice, sulla destra dell'abitacolo, finché le ruote non venivano su e si accendeva la spia verde.

Ciò richiedeva circa 27 pompate.
La reazione a un pompaggio energico era che anche la sinistra, benché stesse tenendo la cloche, si mostrava incline a pompare, cosicché l'aereo manifestava la tendenza a "delfinare" longitudinalmente.
Sin dal 1939 alcuni Spitfire furono disarmati e modificati per la ricognizione fotografica, tramite l'installazione di due macchine fotografiche sotto le ali.
Quindi, dopo la valutazione operativa di queste nuove piattaforme, venne formata, nel giugno 1940, la Photo Reconnaisance Unit (PRU).
Questa unità era equipaggiata con:

- PR-IA, per l'addestramento, dotati di due fotocamere F24 con obiettivi da 127 mm.
- PR-IB, con maggior capacità di carburante e dotati di due fotocamere F24 con obiettivi da 203 mm che fornivano immagini fino a un terzo più grande. Nella fusoliera posteriore fu installato un serbatoio di carburante da 132 litri in più. Il tipo B è stato il primo a rinunciare al parabrezza resistente ai proiettili
- PR-IC, con una macchina fotografica in fusoliera e le due alari spostate sotto la seminala sinistra, con la possibilità di portare un serbatoio ausiliario sotto la destra (136 litri) per una capacità complessiva di 655 litri di carburante. E' stato il primo aereo da ricognizione fotografica a raggiungere Kiel .
- PR-ID, della quale furono realizzati due esemplari. Questi, disarmati, erano in grado di trasportare, oltre ai serbatoi di bordo, un carico suppletivo di 259 litri di carburante per ogni ala oltre a un carico di 132 litri nella fusoliera posteriore. Le telecamere, due F24 montate

verticalmente con obiettivo da 203 mm o 508 mm o due F8 montate verticalmente con obiettivo da 510 mm, erano posizionate nella fusoliera posteriore. Con il pieno carico di carburante, il baricentro era così indietro che l'aereo era difficile da pilotare fino a quando il serbatoio posteriore della fusoliera non era stato svuotato. Ne furono realizzati 230 esemplari.

Su tutte le conversioni PR non armate, il mirino fu sostituito da una piccola scatola di controllo della telecamera da cui il pilota poteva accendere le telecamere, controllare gli intervalli di tempo tra le foto e impostare il numero di esposizioni.

Spitfire Mk.II

Nel settembre 1940 il modello Mk.I fu affiancato dall'Mk.II, prodotto in 972 esemplari, dotato del nuovo propulsore Merlin XII da 1.150 hp a 4.496 metri, carburante a 100 ottani, azionante un'elica tripala Rotol a giri costanti. Lo squadrone n. 611 a Digby fu il primo a ricevere lo Spitfire Mk II nell'agosto del 1940.

Caratteristiche principali:

- Peso 2.170 - 2.800 kg
- Velocità massima 570 km/h a 5.350 metri
- Salita a 6.096 metri in 7 minuti
- Tangenza 11.460 metri.

Spitfire Mk.II

Per aumentare l'autonomia fu progettato anche l'Mk.II a lungo raggio, con peso di 2.194-2.994 kg, la cui velocità si riduceva, soprattutto per il serbatoio subalare, a 528 km/h a 4.191 metri, con una velocità di salita a 6.095 metri in 9,8 minuti, tangenza 8.610 metri e serbatoio supplementare da 182 litri fissato sotto l'ala sinistra.

Con questo goffo aereo i piloti britannici tentavano di dare copertura ai Blenheim nelle missioni a lungo raggio, senza molto successo, ma non c'era al momento nulla di meglio disponibile.

Queste missioni erano nominate “Circus” e compresero, come massimo sforzo l'attacco alla centrale elettrica di Colonia, condotto da oltre 50 Bristol Blenheim dei quali 10 abbattuti, assieme a 4 Spitfire.
Queste azioni continuarono durante quasi tutto il 1941, fino a quando il Bf-109F e il FW-190 misero fine alla carriera dell'Mk.II a lungo raggio.
Lo Spitfire Mk.II fu prodotto in tre versioni:

- Mk.IIA, che montava ancora le otto mitragliatrici dell’MK.I con 300 colpi ciascuna, prodotto in 750 esemplari.
- Mk.IIB, con quattro mitragliatrici (300 colpi ciascuna) e due cannoni Hispano da 20 mm (60 colpi ciascuno), prodotto in 170 esemplari.
- Mk.IIC, versione da soccorso marittimo, prodotto in 52 esemplari, con 2 bombe fumogene sotto la semiala sinistra, un battellino e pacchi di viveri per il soccorso di naufraghi, oltre a serbatoi supplementari. Quando la designazione “C” venne adottata per indicare l’impiego dell’ala di tipo C, nella quale poteva essere installato qualsiasi tipo di armamento, questa variante venne ridesignata ASR II.

Tre Squadroni utilizzarono questa versione, il 66°, il 118° e il 152°, fino a quando non fu ritirata nel marzo 1942.

- Lo Squadrone 66 partecipò ad alcuni dei primi combattimenti il 10 luglio 1940, ufficialmente il primo giorno della Battaglia d'Inghilterra, intercettando un volo di ricognizione tedesco e abbattendo un Dornier Do 17.
- Lo Squadrone 118 era uno squadrone di combattenti che trascorreva la maggior parte della sua esistenza in voli di caccia e scortava i bombardieri sull'Europa occupata. Lo Squadrone n.118 fu riformato il 20 febbraio 1941 a Filton come squadrone di caccia dotato di Spitfire. Lo squadrone divenne operativo il 28 marzo 1941, pattugliando I convogli vicini alla costa britannica. Questo durò fino a giugno, quando lo squadrone iniziò a pilotare missili di

caccia e missioni di scorta di bombardieri, operando nel nord della Francia. Ciò è continuato per tutto il 1942.

Nel gennaio del 1943 lo squadrone si trasferì nell'East Anglia e iniziò a pilotare gli aerei da combattimento nei Paesi Bassi. Ciò continuò per tutta la primavera e l'estate del 1943, fino a settembre, quando lo squadrone si trasferì nel nord della Scozia per svolgere compiti difensivi.

Nel gennaio 1944 lo squadrone tornò a sud per unirsi alla 2a Tactical Air Force. A marzo ritornò nelle Orcadi e vi rimase per quattro mesi, non tornando a sud fino al luglio del 1944. Seguirono altri combattimenti, mescolati con i compiti di scorta dei bombardieri.

Nel gennaio del 1945 lo squadrone si convertì Al P-51 Mustang e il 1° febbraio iniziò a svolgere compiti di scorta a lungo raggio. Queste durarono fino al 3 maggio, e coprirono il periodo in cui il Comando di bombardieri tornò alle incursioni diurne. Lo squadrone fu sciolto nel marzo del 1946.

- Il 152° Squadrone di Hyderabad era uno squadrone di combattenti che prese parte alla Battaglia d'Inghilterra, e le campagne in Nord Africa, Sicilia e Italia, prima di porre fine alla guerra come squadrone di bombardieri da combattimento che operava in Birmania.

  Lo squadrone si riformò il 1° ottobre 1939 ad Acklington e fu inizialmente equipaggiato con il biplano Gloster Gladiator. Lo squadrone divenne operativo il 6 novembre, usando ancora i Gladiator, ma furono sostituiti con Spitfire nel gennaio 1940. Seguì un periodo di pattuglie difensive nel nord est dell'Inghilterra, prima che lo squadrone si spostasse a sud verso Warmwell. Lo squadrone era basato nella stessa zona durante la Battaglia d'Inghilterra e contribuì a difendere la base navale di Portland.

  Nell'aprile del 1941 lo squadrone si trasferì in Cornovaglia per svolgere le pattuglie di convogli, prima di trasferirsi in East Anglia ad agosto, da dove svolse missioni di scorta di bombardieri. Nel gennaio 1942 si trasferì in Irlanda del Nord, e poi nell'agosto del 1942 a

Pembroke, dove riprese le pattuglie di convogli per un breve periodo.
Alla fine di settembre del 1942 allo squadrone fu ordinato di prepararsi a trasferirsi oltremare, per prendere parte all'operazione Torch, l'invasione alleata del Nord Africa. Gli aerei si spostarono a Gibilterra, mentre il 152° si unì alla flotta di invasione, salpando a novembre. Dal 14 novembre lo squadrone contribuì a fornire una copertura per gli sbarchi alleati in Algeria, prima di trasferirsi nelle basi di recente occupazione nel Nord Africa. Ha poi seguito la prima armata mentre si spostava verso est in Tunisia, fornendo difesa da combattente e scorta per i caccia bombardieri. Nel marzo del 1943 lo squadrone divenne un'unità di caccia-bombardieri e svolse quel ruolo per gran parte del resto della guerra. Lo squadrone 152 si trasferì a Malta nel giugno del 1943 per effettuare operazioni di spazzacamino sulla Sicilia, per poi trasferirsi in Sicilia poco dopo lo sbarco alleato e in terraferma in Italia a settembre.
Nel novembre del 1943 lo squadrone iniziò a trasferirsi in India, diventando operativo in Birmania il 19 dicembre. Lo squadrone fu utilizzato per le pattuglie difensive combattenti, prendendo parte della seconda battaglia di Arakan all'inizio del 1944. Nell'aprile 1944 riprese le operazioni di caccia-bombardiere. Lo squadrone operò dalle basi della prima linea attorno a Imphal durante la battaglia di Imphal, e sostenne la 14a Armata durante la riconquista della Birmania nel 1945. Si trasferì a Singapore dopo la resa giapponese, e fu sciolto il 10 marzo 1946.

Spitfire Mk.III

Dopo lo Spitfire Mk II, venne ideato l'Mk III, o Type 330, che avrebbe dovuto essere costruito in un migliaio di esemplari; tuttavia, il suo motore Merlin XX da 1.390 hp era complesso e alla fine ne vennero solo completati due prototipi, un Mk I e un Mk V modificati.

Il vetro antiproiettile sul tettuccio fu spostato all'interno della cabina di pilotaggio, riducendo la resistenza, mentre il ruotino di coda fu reso retrattile.

Spitfire Mk.III N3297 nel marzo 1940, il primo di due telai modificati per portare la linea di caccia Supermarine alla fase successiva dello sviluppo. Le differenze più evidenti rispetto ai due modelli precedenti sono l'ala più corta che si estende per 32 piedi e 7 pollici con punte tagliate e i flap sulle porte del carrello di atterraggio.

Lo Spitfire Mk III doveva essere armato con 4 cannoni da 20, ma il problema era contingente: non solo questo motore era sofisticato e complesso, ma c'era da rimotorizzare l'Hurricane, all'epoca ancora importante, e che altrimenti sarebbe rimasto disperatamente obsoleto.
Così il Merlin XX ebbe la preferenza per quest'ultimo aereo e lo Spitfire Mk III non divenne mai una realtà operativa.
La cellula Mk III fu in seguito utilizzata per testare il motore Merlin 61, diventando l'antenato degli Spitfire Mk VII , VIII e IX .

Spitfire Mk.IV

Un piccolo numero dello Spitfire Mk V, 229 su 6.479 prodotti, furono adattati per la fotoricognizione e chiamati Mk IV.
Due macchine fotografiche furono sistemate nella parte posteriore della fusoliera, in un compartimento riscaldato e potevano prendere foto su entrambi i lati della direttrice di volo.
Il pilota disponeva di una maggiore quantità di ossigeno e il motore di una maggiore riserva d'olio.

Spitfire Mk.IV

Introdotta nel 1941, questa variante dello Spitfire è alimentata dal Rolls-Royce Griffon, con potenza di 1.735 hp. Furono apportate varie modifiche per adattarsi a questa scelta di motore, tra cui il rafforzamento della fusoliera e l'uso di carenature "blister" attorno al motore per ridurre al minimo l'impatto sulla visibilità anteriore del pilota.
Una delle modifiche più evidenti su questo aereo è stata l'introduzione di flap scanalati, supportati da grandi cerniere sulla parte inferiore dell'ala.

Spitfire Mk.V

Nel marzo del 1941 entrò in azione una nuova versione dello Spitfire, il Mark V e il Comando Caccia britannico passò all'offensiva.
La produzione di Spitfire, intanto, saliva al punto da sovravanzare le perdite.
Se durante la Battaglia d'Inghilterra avevano operato 19 Squadron di Spitfire, nel settembre 1941 erano 27 e alla fine dello stesso anno addirittura 46.
Seguiva nella produzione l'Mk.II e, in effetti, la fusoliera dello Spitfire Mk.V era simile a quella dell'Mk.II, fatta eccezione per i longheroni rinforzati, mentre l'ala restava la stessa.
Spinto dal motore Rolls-Royce Merlin da 1.470 hp, venne suddiviso in base a due diversi criteri:

- Il primo dato dal tipo di armamento installato: Mk.VA, Mk.VB, Mk.VC.
- Il secondo in base al tipo d'ala:
    - LF (low flight) per le versioni le cui estremità ellittiche venivano troncate per ottenere migliori doti acrobatiche e miglior manovrabilità a bassa quota.
    - HF (high flight) per i velivoli destinati all'intercettazione ad alta quota.

Saliva il peso delle corazzature, fino a 58 kg sullo Spitfire Mk.VA e a 69 kg sull'Mk.VB.
La versione Mk.VA aveva installate in ala otto mitragliatrici Browning da 7,7 mm.
Tuttavia, la Battaglia d'Inghilterra aveva messo in luce che, nonostante il numero, esse non riuscivano a eguagliare la potenza dei sistemi d'arma dei BF-109 tedeschi, dotati di un cannone da 20 mm sparante attraverso il mozzo dell'elica, due cannoni del medesimo calibro in ala e due mitragliatrici da 7,92 mm sopra il cofano motore.
Si scelse, allora, di ricorrere a un armamento misto: lo Spitfire Mk.VB era, infatti, dotato di due cannoni Hispano da 20 mm e quattro mitragliatrici da 7,7 mm.

Questo velivolo era facilmente distinguibile dagli altri: destinato a operare in climi desertici, si differenziava dal MK.VA e dal Mk.VC per la vistosa gobba presente sotto il motore, alloggiante un complesso sistema di depurazione dell'aria (filtro antisabbia tipo VOKES) e per un nuovo, più efficace, radiatore dell'olio.

- L'Mk.VB fu considerato il cavallo da battaglia del Fighter Command (comando caccia) della RAF tra la metà del 1941 e la metà del 1944.

Lo Spitfire Mk.C aveva, invece, l'ala universale, o Tipo "C", collaudata per la prima volta sul prototipo dello Spitfire II.

- Una prima configurazione prevedeva le canoniche mitragliatrici da 7,7 mm.
- Una seconda, 4 mitragliatrici da 7,7 mm, e due cannoni Hispano da 20 mm.
- Infine, come soluzione "definitiva" per la caccia ai grossi bersagli a terra e in volo, quattro cannoni Hispano da 20 mm.
- A livello di carichi aria-terra, si poteva optare per una singola bomba da 227 kg oppure per due bombe da 113 kg.

L'Mk.VC aveva le ruote spostate in avanti di 5 centimetri e una corazzatura ancora più pesante (87 kg), mentre gli ultimissimi esemplari montavano alettoni di metallo, che facilitavano le manovre ad alta velocità, alettoni, peraltro, già montati su alcuni esemplari di Mk II.

Inoltre, gli Spitfire V furono dotati di radio VHF e fu, in parte, risolto il problema del carburatore, ma questo pur migliorato sistema di alimentazione del motore, non ebbe mai caratteristiche paragonabili a quello a iniezione adottato dai motori tedeschi.

I motori installati sugli Spitfire V furono i Merlin 45, che forniva un aumento, rispettivamente, di 440 hp e 330 hp rispetto alle versioni dei Mark I e II, con potenza di 1.470 hp a 2.820 metri di quota, oppure i Merlin 46 da 1.415 hp a 4.270 metri di quota.

Sia gli Mk.VB che gli Mk.VC potevano portare un serbatoio sganciabile da 500 a 800 litri sotto la fusoliera. Il peso a vuoto, rispetto alle versioni precedenti, passava da 2.180 kg a 2.300 kg e quello operativo saliva da 2.620-2.675 kg a 3.070, ma, grazie alla maggiore potenza del propulsore, la velocità aumentava, anche se solo di 12 km orari, rispetto a quella dell'Mk.IA (590 km/h).
Il modello Mk.VC Low Fighter, infatti, raggiungeva i 602 km/h a 4.000 metri.

Spitfire Mk.VB

Il maggior appesantimento, però, faceva aumentare leggermente il tempo di salita a 6.000 metri, rispetto all'Mk.IIA: di 7 minuti per la versione precedente e di 7 minuti e 5 secondi per l'Mk.VC.
Rispetto all'Mk.I, il tempo di salita però era sceso di quasi due minuti.
La quota massima operativa saliva a 11.000 metri ma l'autonomia scendeva dagli 805–925 km, sempre dell'Mk.IIA, a 750–765 km.
I miglioramenti quali il vetro blindato, l'elica tripala a giri costanti Rotol (227 kg contro i 43 del tipo bipala ligneo), il seggiolino blindato (33 kg nei modelli originari), l'IFF (18 kg di peso) e molto altro ancora, furono mantenuti.
In più vennero aggiunti nei modelli Mk.VB e C i cannoni Hispano Suiza da 20 mm, sia pure all'inizio con un caricatore a

tamburo da 60 colpi, al posto di quattro delle otto Browning da 7,7 mm.
Presto apparvero anche attacchi per bombe, filtri antisabbia e una versione imbarcata, il Seafire Mk.I.
Tuttavia, la limitata quantità di carburante trasportata dallo Spitfire, che nella Battaglia d'Inghilterra non aveva suscitato molte preoccupazioni, ora che all'aereo veniva chiesto di compiere missioni in profondità nel territorio nemico rappresenta sempre più un handicap.
Alla sua ottimale velocità di crociera di 482,4 km/h (281 miglia orari) a 3.000 metri con il motore a 2.650 giri e il sovralimentatore alla pressione di +2 libbre, una pressione che permetteva al motore di compensare la perdita di potenza ad alta quota dove l'aria è più rarefatta, un Mk V consumava 35 galloni (132,47 litri) di benzina da 100 ottani in un'ora.

- In combattimento, con la manetta spinta tutta in avanti (massima potenza), il motore che girava a 3.000 giri al minuto in "zona rossa" e con il sovralimentatore alla spinta massima di +16 libbre, un serbatoio pieno si sarebbe svuotato in poco più di trenta minuti.

Dei 6.479 Spitfire V costruiti complessivamente, 94 furono completati come Mk.VA, 3.932 come Mk.VB e 2.447 come Mk.VC con cannoni a nastro.
Il 7 marzo 1942, quindici Spitfire V, con serbatoi ventrali supplementari da 90 galloni, decollarono dalla portaerei britannica "Eagle", al largo dell'Algeria, diretti a Malta, distante 600 miglia. Questi quindici MK.V furono i primi Spitfire in servizio oltre mare.
Altri 16 arrivarono all'isola assediata entro la fine del mese ma, a causa delle perdite, si decise di far decollare gli Spitfire V dalla base della Rocca di Gibilterra.
Dotati di un voluminoso serbatoio da 170 galloni, gli Spitfire impiegavano più di cinque ore per coprire le 1.100 miglia che separavano la Rocca da Malta.
Nell'agosto successivo, tre Gruppi operavano sul fronte dell'Africa Settentrionale con questo tipo di velivolo.

Agli inizi del 1943, Spitfire V volavano in difesa di Darwin, in Australia, e nell'ottobre dello stesso anno, tre Gruppi (N° 136, 607 e 615) su Mk.V iniziavano le operazioni dalla Birmania.

- Gli Spitfire vennero usati in misura sempre maggiore per attacchi al suolo e, a partire dal 1943, la maggior parte degli Mk.V venne modificata con taglio delle estremità alari e installazione di motori Merlin 45 M, 50 M o 55 M da 1.585 hp a 850 metri, acquisendo la denominazione di L.F. (Low Fighter: Caccia da bassa quota).

Con due bombe da 250 libbre attaccate sotto le ali, molti Mk.V furono usati come bombardieri per attaccare aeroporti e fortificazioni in Sicilia, sganciando le loro bombe a 7.000 piedi dopo una picchiata ottimale di 60 gradi, dopo di che potevano battersi quasi alla pari con Fw 190, Bf 109 e con i migliori caccia della Regia Aeronautica, i Macchi M.C.202 e M.C.205, con motore Daimler Benz.

I modelli Mk.V vennero dotati di vari armamenti, come le 8 mitragliatrici da 7.7 mm ma ben presto iniziò la produzione con ala universale “C Wing”, cioè in grado di montare differenti armamenti in ambiente operativo:

- La versione “A” montava 8 mitragliatrici Browning con 300 colpi ciascuna.
- La versione “B” 2 cannoni Hispano Suiza Mk.II con caricatore a tamburo da 60 colpi e 4 mitragliatrici con 350 colpi.
- La versione “C” poteva utilizzare sia la configurazione “A” sia la “B”, ma in pratica venivano montati 2 cannoni con l'alimentazione a nastro da 120 colpi e 4 mitragliatrici con 350 colpi.

Questo rendeva finalmente migliore l'autonomia di fuoco dei cannoni, prima di appena sei secondi, e li rendeva più affidabili e meno ingombranti.

Normalmente vi erano solo due cannoni, ma in teoria ve ne potevano essere installati quattro.

- La versione imbarcata Seafire I era anch'essa una derivazione dell'Mk.V.

Il debutto avvenne in Algeria durante l'Operazione Torch, e nel primo giorno le varie battaglie aeree misero a dura prova la modesta linea di 36 Seafire.
La prima vittima fu un bombardiere di costruzione americana Douglas DB-7, ma alla fine della giornata non meno di 12 Seafire erano andati persi per varie cause.
Le missioni con una macchina dotata ancora di un'ala non modificata, eccetto l'importantissima capacità di utilizzo degli ipersostentatori in atterraggio, e con un carrello piuttosto fragile, erano nell'insieme difficili tanto che nelle missioni durante lo sbarco a Salerno, nel settembre 1943, circa 40 aerei vennero persi per incidenti su un totale inizialmente schierato di 126.

- Su Malta gli Spitfire non arrivarono fino al marzo 1942.

La loro presenza fu notevole in quanto gli Hurricane proprio non ce la facevano a fronteggiare gli aerei che gli italo-tedeschi schieravano nel tentativo di schiacciare la resistenza dell'Isola.
I primi 31 Spitfire vennero portati in zona a marzo, dalle portaerei Argus ed Eagle, che li lanciarono dai loro ponti di volo, con serbatoi supplementari per raggiungere l'isola.
Vennero ben presto consumati nella battaglia violentissima che allora imperversava.
La portaerei Wasp americana, il cui intervento era stato chiesto da Churchill dato che gli ascensori delle portaerei inglesi non erano sufficienti per uno Spitfire senza ali ripiegabili, ne lanciò altri 46 il 20 aprile ma anch'essi non ebbero miglior sorte.
Allora Churchill chiese ancora un intervento e il 9 maggio la Wasp lanciò altri 60 aerei, stavolta con piloti esperti e senza i problemi meccanici riscontrati con i precedenti.
In tal modo, già il 10 maggio, i piloti della rinata caccia maltese vantarono 14 abbattimenti contro un'unica perdita, in quello che fu per Malta quello che il 15 settembre 1940 rappresentò per l'Inghilterra una storica svolta.
Da allora numerosi altri Spitfire raggiunsero l'isola con ulteriori lanci, fino a consolidare una presenza di tutto rispetto che scoraggiò gli aerei italo-tedeschi dal continuare l'attacco.
Le battaglie aeree furono violentissime, come quelle del 10 e del 15 maggio, e poi avvennero quelle in supporto dei convogli

Harpoon e Pedestal durante l'estate, che riuscirono a rifornire Malta di sufficienti materiali per continuare la lotta.

- L'ultimo, debole tentativo di piegare l'isola avvenne d'ottobre, ma con scarso impegno e pochi mezzi.

Tra le modifiche di notevole interesse vi fu anche quella che consisteva nel dotare gli Spitfire di un gigantesco serbatoio da 770 litri circa, che permetteva di volare per oltre 2.000 km e così di evitare l'attraversamento di mezzo Mediterraneo alle portaerei, troppo esposte alle insidie dell'Asse.
Nel frattempo gli Spitfire arrivarono anche in Africa del Nord.
Nonostante l'ingombrante filtro Vockes nel muso, si dimostrarono dei validi combattenti ed eliminarono la superiorità dei caccia avversari sui precedenti P-40 e Hurricane.
Il Mark V forniva prestazioni decisamente migliori delle varianti precedenti, ma non era ancora abbastanza efficace.

- Nell'estate del 1941, infatti, la Luftwaffe introdusse un nuovo caccia: Focke-Wulf Fw 190.

Gli Spitfire V furono tra gli aerei alleati forniti all'Unione Sovietica, in base alla legge "Affitti e prestiti", ma proprio il caccia della Supermarine risultò tra i più deludenti.
Non solo risultò non all'altezza della sua fama, ma veniva spesso confuso dai piloti della VVS con i Messerschmitt Bf 109 e abbattuto.
Con l'Mk.V iniziarono finalmente anche le esportazioni di quantità significative di Spitfire anche verso gli Stati Uniti.
Ma per vari motivi non vi fu molta pubblicità sulle forniture inglesi di aerei, mentre non mancò quando si trattò delle forniture americane agli inglesi, anche se obiettivamente esse erano ben più consistenti.
Eppure, Mosquito e Spitfire militarono nell'United States Army Air Forces (USAAF) e anche nell'U.S. Navy in quantità significative.
E così, dal settembre 1942 i tre squadroni RAF di volontari USA su Spitfire divennero squadroni dell'USAAF.
Un modello specifico era il Type 353 PR Mk.IV, 229 macchine costruite, dedicato solo alla ricognizione.

Derivati dall'Mk.VB con motori Merlin 45, 46, 50, 55, 56, furono i Seafire IB; 166 esemplari totalmente costruiti dal giugno 1942 con minime modifiche quali il gancio d'arresto.
Su base Mk.VC furono altresì prodotti 372 Seafire IIC, con 110 esemplari LF e i rimanenti standard.
Alcuni furono modificati in ricognitori.

Spitfire Mk.VI

Versione d'alta quota con elica quadripala, abitacolo pressurizzato e altre migliorie, quali un Merlin 47 da 1.415 hp a 4.250 metri.
Non ebbe molto successo, essendo incapace di superare, in pratica, gli 11.000 metri, e addirittura inferiore agli Mk.V appositamente modificati.
La caratteristica più distintiva di questa versione dello Spitfire erano le sue estremità alari estese, progettate per aumentare le sue prestazioni ad alta quota.

- Novantasette Mk VI furono costruiti tra dicembre 1941 e ottobre 1942, di cui 6 furono inviati in Medio Oriente, mentre il resto rimase in Gran Bretagna.

Una versione derivata (5 esemplari) era il PR Mk.VI da ricognizione ad alta quota.

Spitfire Mk.VI

Effettuarono alcune missioni sulla Grecia e furono ritirati dal servizio nel maggio 1943.

Spitfire Mk.VII

Il Mk.VII utilizzava i motori strettamente correlati Merlin 61 con 1.300 hp a 7.010 metri (23.000 piedi), Merlin 64 con 1.450 hp a 6.400 metri (21.000 piedi) e Merlin 71 (utilizzato in 16 esemplari) con 1.700 hp a 5.486 metri (18.000 piedi).
Il Merlin 61 era il primo motore sovralimentato a due stadi e due velocità utilizzato nello Spitfire: il compressore a due stadi migliorava le prestazioni ad alta quota.
Tuttavia, i nuovi motori richiedevano un nuovo sistema di raffreddamento, e uno dei risultati fu che il Mk.VII aveva una presa d'aria su ogni ala, conferendogli un aspetto più simmetrico rispetto ai precedenti Spitfire. La lunghezza della fusoliera fu aumentata a 31 piedi e 3,5 pollici nei primi modelli per ospitare il motore più grande. Anche la fusoliera dovette essere rinforzata.

- Il Mk.VII utilizzava le ali universali di tipo "C", in grado di trasportare otto mitragliatrici, quattro cannoni o due cannoni e quattro mitragliatrici a seconda della situazione, ma con le estremità alari estese utilizzate sul Mk VI.

Spitfire Mk.VII EN.474 con Merlin 64. L'EN.474 fu spedito negli USA, dove arrivò nel maggio 1943. Questo aereo è l'unico Spitfire VII sopravvissuto ed è attualmente esposto allo Smithsonian National Air & Space Museum.

Il Mk.VII era un caccia pressurizzato: aveva un sistema di pressurizzazione più avanzato del Mk.VI, che utilizzava un tettuccio scorrevole della cabina di guida, più popolare della cabina di guida bloccata del Mk.VI. La migliore versione ad alta quota del Mk.VII era alimentata dal Merlin 71 e poteva raggiungere i 670 km/h (416 miglia orarie) a 13.411 metri (44.000 piedi).
Il Mk.VII rimase in produzione, dall'agosto 1942 fino all'inizio del 1944, sebbene in quel periodo ne furono prodotti solo 140.
Il Mk.VII ebbe un po' più di successo del precedente Mk.VI, ma il Mk.IX si rivelò in grado di operare ad alta quota, e il Mk.VII perse presto il suo status speciale di caccia ad alta quota, sebbene rimase in uso per tutta la guerra.

Spitfire Mk.VIII

Versione di seconda generazione, totalmente riprogettata e derivata, ma senza pressurizzazione, dall'Mk.VII.
Essa venne realizzata in 1.658 esemplari, di cui 160 HF, 267 F e il resto LF.
Nel 1941 iniziarono i lavori per adattare lo Spitfire all'uso del nuovo motore Merlin 61.
Questo aveva un compressore a due stadi, che ne migliorava le prestazioni ad alta quota di circa il 50%.
Il nuovo motore fu montato sullo Spitfire N3297 (l'unico Spitfire Mk.III) e l'aereo modificato volò per la prima volta il 27 settembre 1941. La tempistica fu perfetta. Il settembre 1941 vide anche il debutto operativo del Fw-190.
Il nuovo caccia tedesco surclassò lo Spitfire V, allora il miglior caccia di prima linea della RAF.
I test all'inizio del 1942 dimostrarono che lo Spitfire con motore Merlin 61 era la risposta: raggiungeva una velocità massima di 666 km/k (414 mph) a 8.290 metri (27.200 piedi) e poteva ancora raggiungere i 570 km/h (354 mph) a 12.200 metri (40.000 piedi).

- Si iniziò, così, a lavorare sulla riprogettazione della cellula dello Spitfire per accogliere il nuovo motore più pesante e potente.
- Questo lavoro avrebbe prodotto gli Spitfire Mk.VII pressurizzati e Mk.VIII non pressurizzati.

Ci si aspettava che questi aerei fossero la risposta al Fw-190; in caso contrario, il Mk.IX provvisorio avrebbe svolto quella funzione: questa versione utilizzava una fusoliera Mk.V con il minor numero di modifiche possibile ed entrò in servizio in prima linea nel luglio 1942, quasi un anno prima del Mk.VIII.

- Il Mk.VIII presentava una fusoliera rinforzata con un ruotino di coda retrattile.

Ogni ala trasportava un serbatoio di carburante autosigillante da 53 litri (14 galloni) e il serbatoio di carburante della fusoliera principale era aumentato di dimensioni a 363 litri (96 galloni).

Spitfire Mk.VIII

Queste modifiche diedero al Mk.VIII la stessa autonomia del Mk.V, sebbene, poiché questa distanza veniva raggiunta a una velocità maggiore, il Mk.VIII poteva rimanere in aria per meno tempo del Mk.V.

- La maggior parte dei Mk.VIII utilizzava un nuovo timone a corda larga o a punta.

Presentava anche un nuovo filtro tropicale, il Vokes Aero-Vee, che era così ben progettato che fu installato su tutti gli Mk.VIII e adattato per il Mk.IX.
Utilizzava l'armamento alare “C”, quattro cannoni o due cannoni e due mitragliatrici, e poteva trasportare fino a 453 kg (1.000 libbre) di bombe.
Un Mk.VIII fu il primo Spitfire a usare la cabina di pilotaggio modificata, vista sulla maggior parte dei modelli successivi, con una fusoliera posteriore tagliata e una calotta a bolla: questo design migliorò la visibilità posteriore dell'aereo e fu usato negli

ultimi Mk.IX di produzione, nel Mk.XVI molto simile e negli ultimi Mk.20 e successivi.

- In totale furono prodotti 1.657 Mk.VIII, quindi, sebbene non abbia mai sostituito l'Mx.IX in Gran Bretagna e nell'Europa settentrionale, era, comunque, una versione principale dello Spitfire.

Fu prodotto in tre versioni.

- L'F.VIII che utilizzava il Merlin 61 da 1.560 hp, era il modello di caccia standard.
- L'HF.VIII che utilizzava un Merlin 70 da 1.655 hp ed era un caccia da alta quota.
- L'LF.VIII che utilizzava il Merlin 66 da 1.705 hp ed era ufficialmente un caccia da bassa quota, sebbene la sua quota migliore non fosse molto inferiore a quella del modello F.

Il successo del Mk.IX ridusse l'importanza del Mk.VIII. Sebbene il primo modello di produzione fosse stato completato nel novembre 1942, ci volle fino al giugno 1943 perché il primo squadrone ne fosse equipaggiato. Una delle ragioni del ritardo fu che si era deciso di utilizzare il Mk.VIII nel Mediterraneo e in Estremo Oriente, e, quindi, il primo squadrone a utilizzarlo fu il n. 145, con base a Malta.

Nell'estate del 1943 la crisi nel Mediterraneo era ormai alle spalle e il Mk.VIII vide la maggior parte del suo servizio durante l' invasione dell'Italia, spesso in un ruolo di attacco al suolo.

Il Mk.VIII arrivò in Estremo Oriente verso la fine del 1943.

Fu giusto in tempo, perché all'inizio del 1944 i giapponesi lanciarono la loro offensiva di Arakan.

Il Mk.V era stato alla pari con il miglior caccia giapponese in Birmania, il Ki 44 "Tojo", ma il Mk.VIII era molto più veloce e, infatti, l'aeronautica militare giapponese fu presto cacciata dai cieli sopra l'Arakan, consentendo agli Alleati di rifornire le loro truppe isolate dall'aria.

Lo stesso schema si ripeté nel marzo 1944 quando le forze aeree alleate in India riuscirono a mantenere rifornimenti per 55.000 truppe a Kohima e Imphal.

Infine, l'Mk.VIII venne utilizzato dalla Royal Australian Air Force, inizialmente per la difesa di Darwin, ma quando i giapponesi vennero respinti, venne impiegato più spesso per attacchi al suolo, mantenendo sotto controllo le guarnigioni giapponesi isolate.

Spitfire Mk.IX

Dopo un lungo e penoso periodo in cui gli inglesi persero quattro caccia per ogni avversario abbattuto, per contrastare gli ultimi formidabili caccia tedeschi (Bf 109F-4 e G inclusi) fu messo a punto il modello Mk.IX che rappresentò nuovamente una pietra miliare e che fu prodotto in più di 5.500 esemplari.
Nel luglio 1942 entrò in servizio, risultando superiore nei test condotti contro i Focke-Wulf 190 catturati e fu prodotto fino alla fine della guerra.

Spitfire Mk.IX

Lo Spitfire Mk.VIII avrebbe dovuto essere quello definitivo, ma questo non fu mai, perché lo sviluppo di questo modello riprogettato, un poco come il Macchi M.C.205N, prese troppo tempo e risultò complesso.
La rimotorizzazione dello Spitfire Mk.V con il Rolls-Royce Merlin 61 con compressore a due stadi, al posto del Merlin 45, fu un grande miglioramento.

- La potenza nominale passava da circa 1.440 a 1.660 hp, e se oltre i 6-7 mila metri lo Spitfire diventava progressivamente più pigro e inerte ai comandi, per carenza di potenza, a 9.000 metri, il nuovo motore consentiva ancora 1.000 hp, ben il doppio del precedente.

Lo Spit Mk.IX, ancora ragionevolmente leggero e molto agile, sembrava salire sempre di più nonostante ci si approssimasse alla strafosfera: si poteva volare in formazione a 13.000 metri, fuori dalla portata di tutti i caccia tedeschi, inclusi i micidiali FW-190.
Non era un'azione utile, visto che da lì non si poteva fare niente, se non dare alle difese tedesche un certo livello di umiliazione psicologica, possibilmente attirando i caccia a quote tali in cui essi avrebbero avuto la peggio contro i nuovi Spitfire.

- La salita era anche migliorata. Anzi, diventava un punto di forza mai visto prima.

Il tempo di salita a 6.100 metri era normalmente indicato in circa 5,8 minuti, in realtà, salendo con il motore al massimo, normalmente la cosa sarebbe stata possibile per non più di 5 minuti, e i radiatori chiusi, si registravano tempi di salita di appena 4,5- 4,85 minuti.
Non solo, ma il tempo a circa 8.000 metri era inferiore a 7 minuti, e i 9 mila (30.000 piedi) erano raggiunti in appena 9-10 minuti, anche se poi anche lo Spitfire cominciava a sentire la mancanza d'ossigeno.

- Con questi tempi, 1 o 2 minuti migliori di quelli dei caccia italiani della serie “5” e di qualcosa superiori a quelli del Bf-109G-1, lo Spitfire era davvero un intercettore formidabile.

La salita con potenza normale e con carichi esterni era dell'ordine dei 5,5 minuti o circa 6,5 con una bomba da 227 kg.
Il Macchi M.C.205, verosimilmente il migliore tra i caccia intercettori italiani a quote medio-basse, arrivava a 6.000 metri in 5 minuti e 53 secondi, 7 minuti con il motore a potenza normale.

In picchiata era meno valido, ma il carburatore era modificato e consentiva di risentire meno dell'accelerazione negativa.
La maggior parte degli Mk.IX di tutti i tipi utilizzava l'ala “C” standard, che poteva trasportare quattro cannoni da 20 mm o due cannoni da 20 mm e quattro mitragliatrici da 7,7 mm (.303 pollici).
Dal 1944 alcuni furono costruiti con l'ala “E”, che sostituì le quattro mitragliatrici da 7,7 mm con due mitragliatrici pesanti da 12,7 mm (.50 pollici) con 250 colpi ciascuna, assieme ai due cannoni Hisso con 120 colpi l'uno.
La maneggevolezza e la salita erano eccellenti sia per i caccia italiani, sia per lo Spitfire, quindi, in caso di scontro, a fare la differenza era la bravura del pilota e l'eventuale posizione iniziale di vantaggio.

- Lo Spitfire IX poteva volare fino a 13.000 metri di quota, rispetto agli 11.000 raggiunti precedentemente.
- La differenza con l'Mk.V era marcata soprattutto ad alta quota, mentre in termini assoluti la velocità di punta saliva a oltre 650 km/h.

Con quello che era praticamente lo stesso motore, il P-51 Mustang era capace di oltre 700 km/h, nonostante un peso molto maggiore, ma la salita, maneggevolezza, potenza di fuoco e tangenza del più leggero Spitfire Mk.IX erano superiori, con la capacità di salire a 9.000 metri in meno di 8-10 minuti contro circa i 13 minuti di P-51.

C'erano 3 versioni principali del Mk.IX.

- Lo standard F.IX utilizzava il Merlin 61, ed era l'unica versione prodotta fino all'inizio del 1943: furono prodotti 1.255 F.Mk IX.
- Fu, poi, affiancato da una versione alimentata dal Merlin 66, che presentava un nuovo carburatore a iniezione al posto del carburatore a galleggiante dei modelli precedenti, risolvendo completamente i problemi di flusso di carburante durante le manovre a gravità zero e il volo invertito. Questo motore forniva le sue migliori prestazioni ad altitudini leggermente inferiori rispetto al Merlin 61. Gli Spitfire equipaggiati con questo motore

furono designati LF.Mk.IX: questa fu la versione più numerosa del Mk.IX, con 4.010 prodotti.

- Infine, furono prodotti 410 HF.Mk.IX ad alta quota utilizzando il motore Merlin 70, con prestazioni migliorate ad alta quota.

L'Mk.IX era certamente un velivolo di notevole successo, e mise letteralmente in ombra l'Mk.VIII.
Questo entrò in produzione attorno al 1943 e venne prodotto in circa 1.700 esemplari mentre l'Mk.IX venne messo in servizio già nel 1942, ottenendo subito un positivo riscontro contro i Bf-109G e, soprattutto, contro i temuti Fw 190.
Il Fw 190 non fu mai un bersaglio facile per nessuno, e sotto i 6.000 metri esso era ancora competitivo con l'Mk.IX, ma al di sopra la differenza di potenza dava maggiore vantaggio alla macchina inglese.
Un modello da ricognizione, derivato dall'Mk.IX, era una naturale evoluzione.
Già alcuni altri Spitfire erano stati attrezzati per questo compito, ma l'Mk.XI risultò il migliore.
Munito solo di macchine fotografiche, serbatoi ausiliari dietro l'abitacolo per un totale di circa 900 litri, aveva una lunga autonomia ed eccellenti prestazioni di velocità, essendo capace di circa 675 km/h mentre in picchiata raggiunse oltre 960 km/h.
Il suo curriculum operativo fu di estrema importanza per la RAF, eseguendo voli senza scorta fin sulla Germania.

il PR Mk.X pressurizzato entrò in servizio nel 1944, a causa del suo basso stato di priorità: ne furono prodotte solo 16 unità.
Il PR.X presentava le caratteristiche della cabina pressurizzata dello Spitfire Mk.VII ma era, in pratica, simile al PR.XI.
Il PR.X non fu molto apprezzato dai piloti e fu operativo solo con due squadroni per un breve periodo di poco più di un anno: inoltre, ci si rese conto che la pressurizzazione non era necessaria per la maggior parte delle missioni di ricognizione.

Spitfire PR Mk.X dotato di cabina di pilotaggio pressurizzata.

Inoltre, la spessa calotta del PR.X riduceva la visibilità, fattore cruciale per le missioni di ricognizione.
Anche la maggiore complessità della manutenzione dei sistemi della cabina pressurizzata si rivelò uno svantaggio.
Gli Spitfire PR.XI e PR.X hanno svolto un ruolo essenziale nella ricognizione aerea durante la seconda guerra mondiale. Il PR.XI, con la sua versatilità e le sue prestazioni robuste, è diventato la variante PR predominante, mentre il PR.X, nonostante il suo sistema di pressurizzazione avanzato, è stato

meno favorito a causa delle inefficienze operative e della limitata necessità di ricognizione ad alta quota.
Questi velivoli hanno evidenziato l'adattabilità della piattaforma Spitfire per soddisfare diversi requisiti di missione, contribuendo in modo significativo agli sforzi di raccolta di informazioni degli Alleati.

Spitfire Mk.XI

Il Mk.XI era essenzialmente un intercettore Spitfire Mk.IX modificato per la ricognizione fotografica con telecamere, un motore più potente e un serbatoio dell'olio più grande nel muso. Tutte le armi e le armature furono rimosse e la capacità del carburante fu notevolmente aumentata: la velocità era la difesa del Mark XI disarmato.

- Un totale di 471 Mk.XI furono costruiti tra aprile 1943 e gennaio 1946: adottavano motori Merlin 61, 62, 63A e 70, quest'ultimo con potenza di 1.655 hp.

La Gran Bretagna e i suoi alleati pilotarono varie versioni di ricognizione fotografica dello Spitfire con grande successo in tutti i teatri durante la seconda guerra mondiale.
Il 14th Photographic Squadron dell'8th Air Force delle Forze aeree dell'esercito degli Stati Uniti utilizzò gli Spitfire Mk.XI da novembre 1943 ad aprile 1945, volando in pericolose missioni di ricognizione a lungo raggio sull'Europa continentale. Esposto nel 1993, questo aereo è dipinto come un 14th Photographic Squadron Mk.XI presso l'aeroporto di Mount Farm in Inghilterra.
Il Mk.XI è stata la prima variante PR ad avere l'opzione di utilizzare due telecamere F52 montate verticalmente con obiettivo da 36 pollici di lunghezza focale nella fusoliera dietro la cabina di pilotaggio. Potevano essere montate diverse altre configurazioni, a seconda dei requisiti della missione; l'installazione X Type, ad esempio, aveva due F24 montate verticalmente con obiettivo da 14 pollici e un F24 obliquo con un obiettivo da 8 pollici montato sopra e rivolto verso sinistra.

- I PR Mk.XI utilizzati per la ricognizione tattica avevano un'ulteriore telecamera orientata verticalmente in una carenatura sotto ogni ala.

Gli Mk.XI avevano una carenatura anteriore più profonda per ospitare un serbatoio dell'olio più grande da 55 litri (14,5

galloni) e utilizzavano il parabrezza PRU avvolgente non corazzato.
Le pompe booster per i serbatoi alari erano montate e coperte da carenature a forma di lacrima sotto le ali.
I ruotini di coda retrattili erano montati di serie.

Spitfire Mk.XI

260 Mk.XI erano alimentati da motori Merlin 61, 63 o 63A, mentre i restanti 211 utilizzavano il Merlin 70 ad alta quota: tutti i Merlin 70 e 198 velivoli della serie Merlin 60 erano dotati del filtro antipolvere Vokes Aero-Vee nella presa d'aria del carburatore.
Tutti i velivoli alimentati da Merlin 60 presentavano il radiatore del carburante nella radice alare del bordo d'attacco sinistro.

- Serbatoi aggiuntivi a sgancio rapido potevano essere installati sotto la sezione centrale; in comune con il Mk.IX, questi potevano avere una capacità di 113, 170 o 340 litri (30, 45 o 90 galloni) e, per il Mk.XI, era disponibile anche un serbatoio da 643 litri (170 galloni).

Gli Spitfire Mk.XI erano in grado di raggiungere una velocità massima di 417 mph (671 km/h) a 24.000 piedi (7.300 metri) e potevano viaggiare a 395 mph (636 km/h) a 32.000 piedi (9.800 metri).
Normalmente, gli Spitfire XI viaggiavano tra queste altitudini, anche se, in caso di emergenza, l'aereo poteva salire a 44.000 piedi (13.000 metri): tuttavia, i piloti non potevano resistere a tali altitudini per molto tempo in una cabina di pilotaggio non pressurizzata senza soffrire di gravi effetti fisiologici.
Inizialmente, la produzione del Mk.XI fu ritardata perché lo sviluppo delle serie Mk.VII e VIII fu ritardato. Di conseguenza, fu deciso di basare l'aereo con motore Merlin 60 sulla cellula MK.IX.
I primi Mk.XI furono costruiti nel novembre 1942: dall'aprile 1944 la produzione continuò contemporaneamente al PR Mk.XIX prima di concludersi nel dicembre 1944, quando furono gradualmente eliminati a favore del Mk.XIX.

Spitfire Mk.XII

Il prototipo era basato su una cellula Mk.II.
Il motore Merlin fu sostituito con un Griffon II con un compressore monostadio a due velocità, che sviluppava 1.735 hp: la cellula aveva bisogno di essere rinforzata per far fronte all'aumento di potenza e coppia del nuovo motore.
I primi Spitfire con motore Griffon fecero il loro debutto operativo all'inizio del 1943.
Furono designati Mk.XII ed erano stati sviluppati dal modello sperimentale Mk.IV, portato in volo alla fine del 1941.

Spitfire Mk.XII MB.882 del 41° Squadron.

L'aereo era progettato per essere un caccia a bassa quota ad alte prestazioni ed era consegnato con ali tagliate per migliorare la manovrabilità.
La principale differenza tra il Griffon e il Merlin, a parte l'aumento di cilindrata, passata da 27,2 litri a 36 litri, era che il motore Griffon necessitava di un'elica a 4 pale di grande diametro (oltre 3 metri) e girava verso destra e non verso sinistra, lasciando l'aereo più pesante di muso, che tra l'altro aveva l'elica in posizione più bassa rispetto al "naso alto" dei Merlin; ma una volta in aria era un velivolo formidabile.
Sotto i 6.000 metri era forse il più veloce tra i caccia mondiali, ma il serbatoio da 322 litri (85 galloni) gli lasciava solo 620 km di autonomia.

- Tra le sue innovazioni, i rivetti a testa annegata per minimizzare la resistenza aerodinamica.

Rispetto allo Spitfire Mk.V, il rigonfiamento sopra l'alimentazione del cannone sul piano principale era molto più piccolo, il timone e le alette di compensazione erano più grandi e le cappottature del motore e l'ogiva differivano notevolmente per ospitare il motore Griffon.
Fu montata l'ala universale dello Spitfire Mk.V: l'armamento era costituito da due cannoni da 20 mm e quattro mitragliatrici 7,7 mm (.303 pollici).
Mentre i primi modelli erano basati sulla cellula dello Spitfire Mk.V, gli aerei successivi utilizzavano la fusoliera dello Spitfire Mk.VIII, che incorporava raffinatezze come la rivettatura a filo e il ruotino di coda retrattile.
La capacità del carburante era di 322 litri (85 galloni), mentre, il peso operativo con pieno di carburante e munizioni era di 3356 kg (7.400 libbre).

- L'aereo risultante era molto veloce a bassa quota, raggiungendo una velocità di 599 km/h (372 mph) a 1750 metri (5.700 piedi) e 640 km/h (397 mph) a 5.485 metri (18.000 piedi).

Era, quindi, più veloce del Mk.IX fino a circa 6.100 metri (20.000 piedi), ma oltre quell'altezza era più lento.
Sotto i 6.100 metri, grazie anche alle ali tronche, era circa 22 km/h più veloce dell'Mk.IX.
Pare che fosse un po' pesante di muso, ma era divertente da pilotare, e in agilità superava anche i tipi precedenti con il Merlin.

- A bassa quota lasciava indietro FW-190 e Typhoon, e aveva ancora un'agilità superiore.

Fu protagonista della caccia ai missili V-1, ed è un peccato che ne produssero così pochi.
Lo Spitfire Mk.XII non ebbe molto successo come macchina terrestre, mentre il Seafire Mk.XV fu il derivato navale con Griffon VI da 1.850 hp ed elica quadripala.

Era una macchina di tarda produzione, prodotto dalla Westland Aircraft in 256 esemplari e dalla Owen in 134.
Il Mk XII era rigorosamente un progetto provvisorio e per una volta (a differenza del Mk.V e del Mk.IX) non entrò in produzione di massa.
Ne furono costruiti solo 100 esemplari, equipaggiando due squadroni: il N°41 ricevette i suoi Mk XII nel febbraio 1943 e il N°91 nell'aprile 1943.
Le prestazioni a bassa quota del Mk.XII furono, comunque, molto utili quando si dovettero affrontare incursioni mordi e fuggi a bassa quota organizzate dal Fw 190 e in seguito aiutarono contro il V-1. Tuttavia, fu solo con il Mk.XIV che gli Spitfire con motore Griffon dimostrarono il loro potenziale.

Spitfire Mk.XIII

Il PR Mk.XIII era l'ultima variante Spitfire da ricognizione fotografica basata sulla cellula del Mk.V.: progettato specificamente per la ricognizione a bassa quota, era dotato di due telecamere verticali e una montata obliquamente.
A causa dei maggiori rischi posti dal volo a bassa quota, il PR Mk.XIII era una delle poche varianti da ricognizione che manteneva un armamento di quattro mitragliatrici da 7,7 mm, fornendo un certo grado di autodifesa.

Supermarine Spitfire PR Mk.XIII.

Era equipaggiato con il motore Merlin 32 ed elica tripala DH.
L'aereo era, inoltre, dotato di un parabrezza antiproiettile e del tettuccio scorrevole in stile PR.
La capacità di carburante del PR Mk XIII era simile a quella della versione da caccia standard, il che ne limitava in qualche modo l'autonomia: tuttavia, svolse un ruolo fondamentale nel fotografare le spiagge della Normandia durante le fasi preparatorie dell'invasione del D-Day. Fu costruito in 18 esemplari.

Spitfire Mk.XIV

Il primo importante Spitfire con il Griffon fu l'Mk XIV, che finalmente usciva dalle basse quote grazie allo sviluppo del R.R. Griffon con doppio stadio di sovralimentazione, ovvero il Griffon 61, sovralimentato a due velocità e due stadi, che forniva 2.050 hp.
Era stato installato sulla cellula base dell'Mk.VIII, opportunamente modificata, ala "E", elica a 5 pale necessaria per i 2.050 hp disponibili: in sostanza, la regola era di usare una pala per, al massimo, 400 hp.
I primi modelli utilizzavano l'ala universale di tipo "C" con 4 cannoni da 20 mm o 2 cannoni da 20 mm e quattro mitragliatrici da 7,7 mm, mentre la produzione successiva utilizzava l'ala "E" con 2 mitragliatrici da 12,7 mm invece delle 7,7 mm.
La fusoliera era allungata di 36 cm e l'aspetto ancora più robusto dei precedenti: i Griffon davano agli Spitfire un muso assai più massiccio, quasi più che la parte posteriore della fusoliera.

- Ne vennero prodotti 957 esemplari, di cui 430 come caccia ricognitori FR Mk.XIVE, grazie alla fotocamera F-24 e abitacolo a goccia, il che portava ad allargare la corda del timone verticale.

Normalmente avevano 498 litri di carburante, ma potevano essere aggiunti serbatoi di carburante aggiuntivo all'esterno e all'interno.
Inizialmente si trattò di convertire 6 Mk.VIII, in servizio dal 20 gennaio 1943, dimostrando in tale veste un rateo di salita di 1.500 metri al minuto, e oltre 720 km/h a 7.600 metri, una prestazione spettacolare.
Tuttavia, ora era difficile da controllare, con tutto quell'eccesso di potenza.

- Vi fu un aumento della superficie di coda e venne anche testata un'elica a tre pale controrotanti, poi applicata in forma simile sui Seafire 46 e 47.

Solo nel gennaio 1944 vennero messi in servizio con il No.610 Squadron, dimostrandosi subito un “hot plane”: circa 718 km/h, salita a 6.100 metri (20.000 piedi) in circa 5 minuti: l'unico problema era una certa instabilità laterale e il raggio d'azione un po' minore dato il consumo, nonostante i 415 litri (109,5 galloni), con circa 760 km di autonomia.
Non era un caccia privo di difetti e molti piloti preferivano, come capacità di manovra e volo, l'Mk.V, forse il migliore come maneggevolezza.

- Ma era quello che lo sviluppo progressivo richiedeva, aggiungere prestazioni sempre maggiori.

Lo Spitfire Mk.XIV RM927 restaurato, in volo nell’ottobre 2023.

Come quando si tratterà di abbattere le V-1, che grazie al carburante a 150 ottani, divennero prede ambite: oltre 640 km/h, o circa 50 km/h più del normale, grazie alla spinta di 11,3 kg (25 lbs), a 610 metri di quota.
Non ebbero molta diffusione, peraltro, solo 6 squadroni erano in servizio in Nord Europa nel Dicembre 1944.

- Adolf Galland commentò al riguardo: la migliore cosa degli Mk.XIV era che ce n'erano molto pochi!

L'Mk.XIV era talmente potente, che poteva salire quasi in candela senza perdere velocità, a una velocità di 1.500 metri al minuto (5.000 piedi/min).
Progressivamente gli aerei vennero equipaggiati con ali mozze, e si confrontarono selvaggiamente contro i FW-190D e i Bf-109G e K.
Giungeranno solo nel giugno del 1945 in Estremo Oriente, oramai tardi per sfidare i Giapponesi.
Nonostante l'aumento di peso e di potenza, lo Spitfire era rimasto relativamente poco caricato sulle ali e conservava ancora una buona maneggevolezza per un velivolo che ora poteva arrivare a circa 200 kg/m^2, non tanto diversamente dal Bf-109.

- L'armamento di due cannoni da 20 mm e di due mitragliatrici da 12,7 mm divenne più efficace con i più recenti sistemi di puntamento come i K-14, mentre il Bf-109G e K facevano conto su di un cannone Mk 108 che, sebbene avesse un raggio di tiro utile di circa 300 metri, era pur sempre in grado di spezzare in due uno Spitfire con un colpo a segno.

A ciò si aggiungeva la Flak, e ovviamente, i FW-190, avversari mai facili.
Lo Spitfire era più agile e più o meno altrettanto veloce, di qualcosa meglio armato; l'uso di carburante ad altissimo numero di ottani consentiva superpotenze che non avevano bisogno dei sistemi come l'MW50 tedesco ad acqua-metanolo, il che era senz'altro una cosa positiva anche per la vita del motore e delle candele: inoltre; la picchiata, con il Griffon, non era più afflitta da perdite di potenza con i G negativi.
Ecco la valutazione dell'Mk.XIV, descritto come un Mk.VIII con motore Griffon ed elica a 5 pale Rotol, invece, che il Merlin e l'elica a 4 pale.
Al peso di circa 3.800 kg, il totale senza carichi esterni, il suo carico alare era in effetti assai più elevato dei circa 150 kg/m^2 dello Spitfire Mk.VIII e IX, e non tanto diverso dal Bf-109G e K, specie quando poi sarebbero state adottate le ali tronche e carichi esterni sempre maggiori.

La salita era di oltre 1.500 metri al minuto a circa 500 metri, e oltre 1.000 metri al minuto a oltre 6.000 metri. La salita era, nonostante il peso, tale che si potevano raggiungere (a radiatori aperti):

- 2' e 18 secondi per i 3.050 metri
- 5' e 6 secondi per 6.096 metri
- 6' e 50 secondi per circa 8.000 metri
- 8' e 21 secondi per 9.150 metri
- 15' circa per 12.200 metri

Questo beninteso con la sovrapressione massima di combattimento, a 2.750 giri e +18 lbs, mentre a circa 3.600 kg la velocità era di circa 580 km/h, 718 km/h a circa 7.600 metri.
Quanto ai tempi di salita, pur non essendo facili da comparare, giova ricordare che superavano di 30 secondi quelli migliori disponibili sul RE.2005, e sugli 8.000 metri circa 1 minuto; oltre 2 minuti vs il M.C.205V, di più rispetto ai vari G.55, C.205N.
Il G.55, a 3.680 kg, impiegava 7,2 minuti per i 6.000 metri, grossomodo la prestazione di un tipico Spitfire Mk.V e oltre 10 minuti per gli 8.000 metri.
Persino il G.56, più simile, era pur sempre abile a salire a 7.000 metri in 7,1 minuti, quando per i 7.300 metri lo Spitfire Mk.XIV impiegava 6,2 minuti.
Queste erano le prestazioni a “combat rating”, ma in salita a potenza normale lo Spitfire non era così straordinario, limitandosi a salire a velocità inferiori, dell'ordine dei 7 minuti per i 6.100 metri.
In seguito molti Spitfire di questo tipo vennero esportati, ad esempio, 70 in India e 132 in Belgio.
Le prestazioni superiori del Mk.XIV lo resero l'aereo ideale per affrontare la minaccia del V-1: il 91° Squadrone, di stanza a West Malling, ottenne il miglior risultato contro le bombe volanti, abbattendone 184 con i suoi Mk.XIV.

Spitfire Mk.XV

Il Supermarine Seafire era una versione navale del Supermarine Spitfire adattata appositamente per il funzionamento dalle portaerei: la missione del Seafire era principalmente quella di intercettore a corto raggio.
La variante Mk.XV del Seafire era alimentata da un Griffon VI, compressore monostadio, potenza nominale di 1.850 hp che azionava un'elica Rotol da 3,17 metri (10 piedi e 5 pollici), per una velocità di 578 km/h (359 mph).

Spitfire Mk.XV Seafire.

Sembrava uno Spitfire Mk.XII navale, ma era un'amalgama di una cellula e ali Seafire III rinforzate con serbatoi di carburante alari, ruotino di coda retrattile, elevatori più grandi e timone "appuntito" a corda larga dello Spitfire Mk.III.
La cappottatura del motore era della serie Spitfire Mk.II, fissata con un numero maggiore di elementi di fissaggio e priva della bolla a forma di ghianda dietro lo spinner.

- Una protezione a forma di V davanti al ruotino di coda impediva, ai cavi di arresto, di aggrovigliarsi con il ruotino di coda.

Un problema che emerse immediatamente fu il pessimo comportamento di questo modello, specialmente al decollo: a piena potenza, infatti, la scia dell'elica, che oscillava a sinistra, al contrario del Merlin, che oscillava a destra, spesso costringeva il Seafire a virare a dritta, anche con il timone completamente in posizione opposta.
Le gambe oleodinamiche del carrello erano ancora le stesse degli Spitfire con motore, Merlin molto più leggere, il che significava che la virata era spesso accompagnata da una serie di salti: questo carrello gli conferiva anche la tendenza delle punte delle eliche a "beccare" il ponte durante l’atterraggio e, occasionalmente, a rimbalzare sui cavi di arresto.

Spitfire Mk.XVI

Versione simile all'Mk.IX, ma con motore costruito dalla Packard americana, in un modello specifico chiamato Merlin 266 da 1.752 hp con carburatore modificato e un velocità di 645 km/h

I primi Mk.XVI erano equipaggiati con ala mozza tipo "C" con quattro cannoni da 20 mm o due cannoni da 20 mm e quattro mitragliatrici da 7,7 mm, oltre a 450 kg di bombe; in seguito ala di tipo "E" con due mitragliatrici da 12,7 mm invece delle quattro da 7,7 mm: abitacolo con tettuccio a goccia.

Spitfitre Mk.XVI

La maggior parte degli Mk.XVI prodotti aveva ali tagliate, il che ne migliorava la velocità di rollio.

- Fu prodotto in 1.066 esemplari a partire dal 1944 e rimase in produzione fino al 1945.

Fu utilizzato come bombardiere da caccia contro i siti missilistici V2 e gli aeroporti negli ultimi mesi della guerra europea e una manciata rimase in servizio nella RAF fino alla metà degli anni '50.

Spitfire Mk.XVII

Il Seafire XVII fu la prima delle varianti Seafire a presentare una fusoliera posteriore accorciata e un caratteristico tettuccio a goccia. L'aereo poteva trasportare un carico di armi più pesante grazie alla costruzione rinforzata, con serbatoi di carburante e razzi sotto le ali.
Prodotto a partire dal Seafire XV, questo aereo volò in prima linea fino ai primi anni '50, quando fu declassato a compiti di addestramento.
Operava senza sforzo dalle portaerei, il che lo rendeva una presenza formidabile su terra e mare: le ali ripiegabili gli consentivano di decollare rapidamente e atterrare sui ponti delle navi militari, estendendo la sua portata e influenza sull'oceano.
Il design impressionante garantiva agilità e velocità, vantando contorni eleganti e aerodinamici che irradiavano eleganza e aumentavano la manovrabilità.
Raggiungeva velocità massime di circa 378 miglia orarie (608 km/h).

Uno Spitfire Mk.XVII Seafire con motore Griffon e ali ripiegate.

Spitfire Mk.XVIII

Lo Spitfire Mk.XVIII era un modello successivo, derivato dal precedente, con carburante aggiuntivo e struttura rinforzata; non arrivò per la guerra e ne vennero prodotti pochi esemplari entro il 1946: 18 vennero mandati in India nel 1947, dei 300 appena allestiti.
Strutturalmente era un Mk.XIV con carrello e struttura irrobustiti, praticamente alla fine della guerra: aveva il tettuccio a bolla e la fusoliera tagliata.
Era armato con l'ala "E", con due cannoni da 20 mm e due mitragliatrici Browning M2 da 12,7 mm, o quattro cannoni da 20 mm.

Spitfire Mk.XVIII

Ne furono prodotti 300 esemplari, 100 in configurazione da caccia, mentre 200 erano aerei FR (Fighter Reconnaissance), che sacrificarono parte della capacità di carburante per trasportare due telecamere verticali F.24 e una telecamera obliqua F.24.
Utilizzava un Griffon 65 da 2.035 hp o un Griffon 67 da 2.340 hp.
Il Mk XVIII vide il servizio dopo la seconda guerra mondiale, in Malesia e in Palestina.

Spitfire Mk.XIX

L'ultimo ricognitore fu il PR Mk.XIX, in pratica un Mk.XI con il motore Griffon dell'Mk.XIV, e presto ebbe anche l'abitacolo pressurizzato.
Fu prodotto combinando la fusoliera Mk.XIV, le ali PR Mk.XI e la cabina PR.Mk X.
Tutti, tranne i primi 22 esemplari, dei 225 prodotti, avevano una cabina di pilotaggio pressurizzata.

Spitfire PR Mk.XIX

Poteva trasportare fino a 961 litri di carburante (254 galloni) internamente, utilizzando lo spazio nelle ali che in origine ospitavano le telecamere. Inoltre, poteva trasportare un serbatoio sganciabile da 643 litri (170 galloni), anche se la dimensione più grande utilizzata per le operazioni era di 340 litri (90 galloni).
Aveva una velocità massima di 716 km/h (445 mph) e una tangenza di servizio di 13.000 metri (42.600 piedi), rendendo quasi impossibile per la Luftwaffe catturarlo.

- Il Pr Mk.XIX poteva trasportare due telecamere verticali e una obliqua sul lato sinistro: le telecamere verticali erano F.8 con una lunghezza focale di 14 o 20 pollici o F.52 con una lunghezza focale di 20 pollici. La telecamera obliqua era una F.24 con una lunghezza focale di 8 o 14 pollici.

Il Pr Mk.XIX volò per la prima volta nell'aprile 1944 ed entrò in servizio nel maggio 1944.
L'ultimo volo operativo di uno Spitfire della RAF fu effettuato da un PR Mk.IX il 1° aprile 1954.
Tre continuarono a volare con il Temperature and Humidity Flight, eseguendo ricerche meteorologiche, fino a quando non furono definitivamente ritirati il 10 giugno 1957.
Il 5 febbraio 1952 uno Spitfire Mk.XIX del N° 81 Squadron RAF di stanza a Hong Kong raggiunse probabilmente la quota più alta mai raggiunta da uno Spitfire.
Il pilota, Flight Lieutenant Ted Powles , era in un volo di routine per rilevare la temperatura esterna dell'aria e riferire su altre condizioni meteorologiche a varie altitudini in preparazione di un nuovo servizio aereo proposto attraverso l'area.
Salì a 50.000 piedi (15.240 metri) di altitudine indicata, con un'altitudine reale di 51.550 piedi (15.712 metri), che fu la quota più alta mai registrata per uno Spitfire.
Tuttavia, la pressione della cabina scese al di sotto del livello di sicurezza e, nel tentativo di ridurre l'altitudine, entrò in una picchiata incontrollabile che scosse violentemente l'aereo: alla fine riprese il controllo sotto i 3.000 piedi (900 metri), riuscendo ad atterrare senza evidenti al suo aereo.
La valutazione dei dati di volo registrati ha suggerito che in picchiata ha raggiunto una velocità di 690 mph (1.110 km/h) o Mach 0,91, che sarebbe stata la velocità più alta mai raggiunta da un aereo a elica: oggi si ritiene, generalmente, che questa cifra di velocità sia il risultato di errori strumentali intrinseci e debba essere considerata irrealistica.

Spitfire Mk.21

Con l'Mk.21, la classificazione dei marchi Spitfire passò dai numeri romani a quelli arabi.
Questo fu forse il primo Spitfire criticato perché arrivato un po' troppo oltre i limiti del progetto.
Vi furono parecchi problemi di messa a punto, alettoni con una velocità critica di inversione dei comandi supersonica e ala con una maggiore rigidità del 47% rispetto alle altre versioni.
L'armamento era di 4 cannoni da 20 mm, stavolta con 150 colpi l'uno.

Spitfire Mk. 21 del 91° Squadron

Alla fine l'Mk.21, entrato in servizio pienamente solo nel dopoguerra, era una macchina più difficile da manovrare, pesante di muso, un po' come mettere un motore da tre litri su un'utilitaria, ma in salita e picchiata era superiore allo Spitfire Mk.IX.

- Un aereo formidabile, anche contro il migliore FW-190 non avrebbe avuto problemi.

Il motore usuale era un Griffon 61 o 64 con un'elica a cinque pale, anche se alcuni erano dotati del Griffon 85 con sei pale in due serie di tre che ruotavano in direzioni diverse, noto come elica controrotante, per utilizzare completamente i 2.375 hp del

Griffon.: tuttavia, i grossi e potenti Griffon installati sugli ultimi Spitfire rendevano difficoltose le manovre dell'aereo a terra.

- Versione ordinata in 1.500 esemplari; ma solo 12é vennero completati, e un terzo di essi venne persino usato solo come bersagli di armi.

Il N° 91 Squadron ebbe i primi in servizio nel gennaio 1945, ma non ebbero modo di combattere a lungo, anche se ebbero qualche successo ugualmente, ad esempio, quando il 26 aprile affondarono un minisommergibile tedesco.
Dal progetto Mk.21 furono derivati 50 Seafire Mk.45.

Spitfire Mk.22

Il Mk.22 era uno sviluppo del Mk.21: utilizzava la fusoliera accorciata e il tettuccio a goccia, visti sulla maggior parte degli altri Spitfire tardivi, ma questo reintroduceva l'instabilità vista nel Mk.21.
La reazione fu quella di installare una coda molto più grande, aumentando l'area dei servizi di controllo di oltre il 25%: la produzione iniziò nel marzo 1945, ma l'aereo non arrivò in tempo per vedere il servizio attivo nel Pacifico.

- La RAF ne ordinò, inizialmente, 627 esemplari, tuttavia, la fine della guerra ne ridusse il numero a 260: 20 Spitfire furono venduti all'Egitto, 11 alla Rhodesia e 10 alla Siria.

Spitfire Mk.22

Per evitare imbardate al decollo, alcuni ebbero due eliche tripala controrotanti, pesanti ma capaci di annullare il momento di imbardata.
Dal progetto Mk.22 furono derivati 24 Seafire Mk.46.1

Spitfire Mk.24

Fallito l'Mk.23, che aveva un diverso tipo di ala, l'ultima versione fu l'Mk.24, che era simile al 22 ma con maggiore carburante.

Lo Spitfire Mk.24 fu l'ultimo modello di produzione del famoso Supermarine Spitfire: furono prodotti in totale 54 Mk.24, oltre a 27 esemplari ricostruiti dai precedenti modelli Mk.22: 16 esemplari furono inviati a Hong Kong, mentre 24 furono immagazzinati senza nemmeno essere usati dai reparti.

Il Mk.24 era in gran parte simile al precedente Mk.22, con l'eccezione di avere due serbatoi di carburante nella fusoliera posteriore installati e diversi supporti per razzi che consentivano l'installazione di un massimo di otto razzi RP-3 rispetto ai sei dell'Mk.22.

Anche l'armamento principale era diverso, poiché alcuni Mk.24 di produzione successiva erano armati con quattro cannoni Hispano Mk.V da 20 mm, più corti, leggeri e azionati elettricamente con 650 colpi complessivi.

- Il motore era un Griffon 61 o 64 da 2.050 hp e 2.375 hp rispettivamente, che azionava un'elica Rotol a 5 pale di 11 piedi di diametro.

Con il secondo motore, la velocità massima era di 628 km/h (390 mph) al livello del mare, 730 km/h (454 mph) a 5.800 metri (19.000 piedi); la velocità di salita era di 1.550 metri/min (5.100 piedi/min) al livello del mare.

Alcuni esemplari erano equipaggiati con il Griffon 85 che azionava un'elica controrotante a 6 pale, sebbene, a differenza dei precedenti Mk.21 così equipaggiati, sembra che nessuno sia stato utilizzato operativamente.

L'Mk 24 possedeva anche una maggiore potenza del motore grazie all'uso di carburante a 150 ottani, che non era disponibile per il precedente Mk.22.

Ma ormai lo Spitfire era superato dall'avvento dei jet, come i Vampire e i Meteor, e la RAF doveva vedersela con i tagli del dopoguerra, e un'economia nazionale quasi collassata.

L'ultimo Spitfire Mk.24 rimase in servizio a Hong Kong fino al 1955.
Questo dà l'idea della complessità della produzione dello Spitfire, che ebbe oltre 22 mila esemplari realizzati nonostante la distruzione, avvenuta già nel settembre 1940, degli stabilimenti principali della supermarine da parte della LW.

Spitfire Mk.24

Solo la dispersione in numerose fabbriche secondarie riuscì a salvare lo Spitfire dall'estinzione per "cause naturali".
Quest'ultima variante dello Spitfire era tra i migliori caccia a motore a pistoni di tutti i tempi, in grado di operare efficacemente in una grande varietà di ruoli, e avrebbe potuto essere costruita in numero molto maggiore e vedere un servizio più diffuso se l'era dei jet non fosse arrivata così presto.
Derivati dall'Mk.24 furono i Seafire Mk.47.

Impiego

Lo Spitfire trovò nei cieli italiani diversi caccia che si rivelarono degni avversari.
Il Macchi M.C. 202 Folgore, in particolare, risultava quasi alla pari dello Spitfire Mk.V: altrettanto veloce, lo superava in virata, ma era meno armato e aveva una minore velocità di salita.
Il Macchi M.C.205, nel 1943, oltre a mantenere la maggiore maneggevolezza, colmava il divario nell'armamento e staccava il Mk.V in velocità di salita, configurandosi come un avversario di tutto rispetto dello Spitfire V.

"In generale lo standard di volo dei piloti italiani era davvero alto - scrive l'asso scozzese Grp. Capt Wilfrid Duncan Smith (19 abbattimenti) nel suo libro "Spitfire into battle" - *e in scontri con i Macchi 205, in particolare, ci trovavamo di fronte aerei che potevano virare e duellare con i nostri Spitfires estremamente bene".*

Lo stesso Duncan Smith, amico dell'altro grande asso britannico, Douglas Bader, e padre dell'omonimo leader del Partito conservatore, si era misurato con un altro caccia della Serie 5, il Reggiane Re.2005, restandone ancor più impressionato.

«Essendomi scontrato in un duello aereo con un Reggiane 2005», racconta sempre in "Spitfire into battle", *«sono convinto che sarebbe stato molto difficile per noi, spuntarla, con i nostri Spitfire, se gli italiani o i tedeschi avessero avuto qualche stormo equipaggiato con questi aerei all'inizio della campagna di Sicilia o in operazioni da Malta. Veloce, e con eccellente manovrabilità, il Reggiane 2005 era complessivamente un superbo aeroplano. (...) Né il Macchi 205, né il Messerschmitt 109G poteva stare alla pari del Reggiane 2005 in manovrabilità e velocità di salita. Penso che fosse il miglior aereo prodotto dall'Italia nella seconda guerra mondiale».*

Ma anche il Reggiane Re.2001, pur meno veloce e meno armato, poteva dare molto filo da torcere allo Spitfire Mk.V, nel combattimento manovrato, come ricorda l'asso britannico Laddie Lucas, nel suo "Malta: The thorn in Rommel's side".
Il 13 luglio 1942, su Malta, Jack Rae, allora in procinto di diventare uno dei più dotati piloti neozelandesi e il suo abile numero 2, Alan Yates, del 249 Squadron, avvistarono un Reggiane che stava per lasciare il combattimento e tornare alla base.
Quello che seguì diede a Rae un tale shock che gli restò vivamente impresso per mezzo secolo.

"Non ero mai stato coinvolto in una tale complessa serie di acrobazie prima di allora, mentre lo inseguivo. In due occasioni quasi entrai in vite per seguire le sue manovre. Trovavo difficile riuscire ad ottenere una posizione vantaggiosa per aprire il fuoco, mentre il pilota italiano, a più riprese, arrivò pericolosamente vicino a colpirmi.
Alla fine il suo motore iniziò a fumare e sapevo di avere danneggiato la sua coda.
Trovandoci nel mezzo dello stretto di Sicilia, però, con poco carburante e poche munizioni, decidemmo di invertire la rotta, per non rischiare di trovarci in difficoltà se attaccati a nostra volta.
Ma mentre viravamo per tornare alla base, lasciando il nostro avversario che fumava copiosamente, con mio grande stupore mi avvidi che anche lui aveva virato. Ci sferrò un ultimo attacco, in segno di sfida, tanto per mostrare che cosa pensava di una coppia di Spitfire".

Gli Spitfire volarono anche con la stella rossa dell'aviazione sovietica.
Nel novembre 1941, la RAF inviò tre PR Mk.IV da ricognizione a Vaenga, nella Russia settentrionale per controllare i movimenti delle navi da guerra tedesche.
Il personale della Sovetskie Voenno-vozdušnye sily (VVS) restò colpito favorevolmente dalle caratteristiche del ricognitore della Supermarine.

Così, all'inizio dell'ottobre 1942, Iosif V. Stalin scrisse a Winston Churchill, chiedendo la consegna urgente di un buon numero di Spitfire.
Churchill acconsentì a inviare una prima fornitura di 150 aerei, con parti di ricambio, equivalenti ad altri 50 aerei.
Le consegne degli Spitfire Mk.VB iniziarono nella primavera del 1943.
Furono questi i primi caccia della Supermarine ufficialmente esportati.

- Nel maggio 1943, 143 Mk.VB furono inviati in Russia, e da quel momento e fino alla caduta di Berlino, circa altri 1.200 li seguirono.

Ma i piloti sovietici non furono particolarmente soddisfatti del caccia della Supermarine, di cui sottolinearono i difetti strutturali, anche gravi, comuni a gran parte delle versioni: il carrello, ad esempio, con la sua stretta carreggiata, era poco adatto a piste erbose o irregolari.
Lo spazio ravvicinato tra le gambe del carrello faceva sì che l'aereo tendesse a oscillare pericolosamente quando rullava su fondi non ben livellati, con il rischio che la punta di un'ala toccasse il suolo.

- Inoltre, come l'Hurricane, il centro di massa era posizionato verso la parte anteriore, per cui lo Spitfire poteva facilmente sbilanciarsi in avanti e toccare la pista con le pale dell'elica o piantarsi a muso in giù.

Ragion per cui, il manuale di volo vietava espressamente il rullaggio su terreno soffice senza un uomo che sedesse a cavalcioni sulla coda per bilanciarne il peso.
Nel Pacifico lo Spitfire trovò un temibile avversario nel Mitsubishi A6M Zero: leggero, snello ed eccezionalmente manovrabile, questo caccia a lunga distanza prestò servizio con la marina imperiale Giapponese per tutta la durata della guerra nell'Estremo Oriente, dall'attacco a Pearl Harbor fino alle ultime disperate sortite contro i bombardieri B-29, nell'agosto del 1945.
Gli Spitfire si scontrarono con i giapponesi per la prima volta nel "Boxing Day", nel 1943.

Un paio di Spitfire attaccarono una vasta formazione di aerei da combattimento nipponici, su Chittagong, abbattendo 4 tra caccia e bombardieri.
L'ultimo giorno del 1943, i piloti degli Spitfire della Royal Australian Air Force (RAAF) abbatterono 11 bombardieri giapponesi e 3 caccia, meritandosi un encomio da parte di Winston Churchill.
Nelle battaglie aeree su Chittagong nel 1943-1944, gli Spitfire ottennero numerosi successi contro i bombardieri giapponesi.
Le perdite di Spitfire, tuttavia, diventavano preoccupatamente alte, quando si avventuravano in volo in mare aperto, come scoprì la RAAF durante la difesa di Darwin, a causa del raggio d'azione limitato dei caccia inglesi, che non di rado finivano il carburante e non riuscivano a rientrare.

- E gli Zero si dimostrarono superiori negli scontri manovrati.

"Il famoso Spitfire, ricordava l'asso americano delle Flying Tigers, Gregory "Pappy" Boyington, nel suo libro "L'asso della bottiglia (Baa Baa Black Sheep)", non ce la faceva con lo Zero giapponese. Tornavano pieni di fori dopo gli scontri con i caccia del Sol Levante."

Nello scontro ravvicinato, il caccia giapponese poteva facilmente superare in combattimento manovrato il caccia di Mitchell.
I piloti degli Spitfire Mk.VIII che operavano su Burma, negli scontri con i caccia della Mitsubishi, impararono che, se seguivano le regole adottate dalle Flying Tigers con i loro P-40 con le celebri bocche di squalo dipinte, nessun duello aereo a bassa quota e bassa velocità, avevano poco da temere.

- Altrimenti venivano inesorabilmente abbattuti.

Quello di combattere contro i giapponesi si rivelò un compito particolarmente impegnativo.
Diversi Squadron della RAF vennero schierati, nel 1943, in Australia.
Anche se risulta che i caccia britannici abbiano ottenuto successi contro i velocissimi Ki-46 da ricognizione, di cui

dichiararono 18 abbattimenti complessivi, il loro effetto contro le formazioni di caccia e bombardieri giapponesi, nelle missioni su Darwin, fu molto minore, e le perdite furono devastanti.
In tutto vennero persi per varie cause 38 Spitfire su circa 100, ma le vittorie in combattimento, a parte gli aerei giapponesi persi per altre cause come la mancanza di carburante, furono solo una dozzina.

- Solo 3 Mitsubishi Zero abbattuti dagli Spitfire in cambio di circa 21 Spitfire.

Anche i Nakajima Ki-43 ottennero un risultato di 2 a 1 in una singola missione in cui venne usata l'aviazione dell'Esercito.
Un'altra carriera fu quella degli Spitfire americani: prima vi furono gli Eagle Squadrons, che avevano impiegato volontari americani prima ancora dell'entrata in guerra: prima con gli Hurricane, poi con gli Spitfire Mk.II, per un totale di 4 squadroni.
In seguito lo Spitfire divenne parte del 4th Fighter Group della 8th A.F. Gli aerei erano Mk.V, ma nel settembre 1942 arrivarono anche i potenti Mk. IX per il No.133.

- Tuttavia, questo esordì sulla Francia e in una sola missione perse 12 aerei contro i micidiali ed esperti FW-190.

Lo Spitfire era un caccia dalle grandi prestazioni, anche se agli americani non piaceva la scarsa autonomia rispetto a quella del P-40.
In ogni caso, la carriera degli americani di queste unità fu molto tribolata: prima arrivarono i P-47 per alcune unità come il 133; il 31th FG con i suoi tre squadroni ottennero gli Mk.V.
Alcune unità da ricognizione ebbero un continuo turbinare di Spitfire, F-6 (P-51), F-5A (P-38G), questi ultimi però con grosse difficoltà oltre i 9.150 metri, tanto che nel 1943 ebbero sostituti da parte degli Mk.V e poi dei più prestanti Mk.IX.

- Il vero salto in avanti delle operazioni con gli Spitfire fu l'Operazione Torch, con le unità del 31 e del 52nd FG, dirette alla 12th AF.

Tre dei loro Spitfire, nel febbraio 1944, sbagliarono ad atterrare sul territorio italiano, su cui continuavano a operare, e vennero catturati, ma non reimmessi in servizio, dall'ANR (Aeronautica Nazionale Repubblicana), mentre i piloti venivano fatti scappare dai partigiani.

- Il 31st FG rivendicò ben 192 vittorie aeree e il 52nd altre 164, solo considerando l'epoca degli Spitfire e non considerando l'utilità di tali aerei come ricognitori tattici e strategici.

Quindi, molti degli Spitfure (6 squadroni) operanti dal tardo 1942 nel Mediterraneo erano in realtà dell'USAAF, una cosa rimasta oscura fino a tempi assai recenti.
I risultati vanno confrontati anche con il numero, tutto sommato non esuberante: 157 Mk.VB e C, un singolo Mk.VII, 9 Mk.VIII, 9 Mk.IX, altrettanti PR Mk.IX e un singolo Mk.XII, più l'USN che ebbe 12 Seafire I, 49 II, un Mk.XV e un Mk.47.
Ma questi numeri sembrano largamente insufficienti per questa carriera operativa: si parla anche di 600 aerei, e di ben 274 Mk.V solo per la 12th AF.
Di questi aerei si sa che gli Mk.IX, forse ben più di quelli conteggiati ufficialmente, specie se erano davvero Mk.IX i 12 abbattuti in una sola missione sulla Francia, non avevano tropicalizzazione (all'epoca per fortuna erano oramai in uso i filtri Aboukir, molto meno penalizzanti), mentre i più vecchi Mk.V, al contrario, nonostante il grosso Vockes, erano macchine pienamente tropicalizzate e quindi, di maggiore affidabilità ed efficienza.
Che l'USAAF abbia usato fino a forse 600 Spitfire e per giunta, rivendicato oltre 300 vittorie aeree, è rimasto un fatto notevole quanto lasciato "sotto il tappeto" della Storia per decenni, forse non casualmente.

- Quanto ai Seafire, essi non ebbero mai la sicurezza e l'autonomia proprie delle macchine specificatamente navali, ma nondimeno ottennero soddisfacenti risultati con il passare del tempo.

A Parte lo Spitfire Mk.IX Idro, capace di 500 km/h slm e 600 km/h in quota, i tipi navali furono soprattutto:

- I Seafire I: 166 esemplari.
- I Seafire II: 372 esemplari.
- I Seafire III: 1.220 esemplari.

dotati di motore Merlin 45 modificato con velocità di 578 km/h.

Lo Spiteful, e l'equivalente Seafang, era stato un ultimo tentativo di rivitalizzare l'aereo, oramai obsolescente, per via non tanto dei suoi demeriti, ma per la comparsa dei jet da caccia: pochi velivoli prodotti come prototipi, meno ancora per i Seafang.

Lo Spiteful era una sorta di Spitfire con tettuccio a goccia, tutti gli aggiornamenti messi a punto, inclusa la coda più grande, e ala a flusso laminare.

In pratica, era lo Spitfire con la tecnologia simile a quella del Mustang.

- Con questa arrivò a 780 km/h, con una velocità a bassa quota non meno impressionante (700 km/h), ma non era sufficiente contro i Meteor e Vampire.

Tra l'altro, l'ala dello Spitfire rimase insuperata anche da questa nuova struttura, in termini di numero di mach raggiungibile, che superava persino quella dei primi jet.

L'ala dello Spiteful diverrà poi la base degli Attacker, un jet della Marina britannica, precisamente il primo a entrare in servizio con essa (nel 1950), ma che, pur essendo agile a bassa quota ed economico, ebbe meno successo del simile Hawker Sea Hawk, che segnò la rimonta clamorosa della rivale della Supermarine, che per anni era rimasta nell'ombra tra obsoleti Hurricane e difettosi, se non pericolosi, Tornado, Typhoon e persino i primi Tempest.

La Supermarine avrebbe continuato vendendo l'Attacker al Pakistan, poi mettendo in campo gli Swift dall'impostazione similare, che però persero largamente contro l'Hawker Hunter, e, infine, con i mediocri caccia imbarcati Scimitar, una specie di Attacker ingrandito e potenziato pur con una formula simile.

La Hawker, invece, è confluita nella BAe e ha continuato il successo che alla Supermarine ha cominciato a venire meno a partire dal 1945.

I motori Griffon

Con una potenza di 1.700 hp, i primi Spitfire con motore Griffon fecero il loro debutto operativo all'inizio del 1943: furono designati Mk.XII ed erano stati sviluppati dal modello sperimentale Mk.IV, portato in volo alla fine del 1941.

- La principale differenza tra il Griffon e il Merlin a parte l'aumento di cilindrata, passata da 27,2 litri a 36, risiedeva nel fatto che faceva girare l'elica in direzione contraria.

Questo costrinse i piloti degli Spitfire-Griffon a invertire l'azione sul timone in fase di decollo per compensare l'effetto giroscopico che spingeva l'aereo a virare di lato in fase di rullaggio.
Alla minima disattenzione l'aereo abbandonava la traiettoria lineare e, nel migliore dei casi, decollava con traiettoria curva: molti furono, quindi, gli incidenti.

- Una volta in volo, però, l'aereo si dimostrava anche più veloce di quanto previsto.

Durante un test con un FW 190 catturato e il nuovo Hawker Typhoon, nel giugno 1942, il collaudatore della Supermarine, Jeffrey Quill, sullo Spitfire DP845, uno dei due Mk.IV rimotorizzato con il Griffon, si lasciò facilmente alle spalle gli altri due caccia.
Quando fu montato sulla struttura dell'Mk.XII, il Griffon erogava 2.035 hp: questo dava alla nuova versione del caccia Supermarine prestazioni elevatissime a bassa quota, circa 540 km/h a livello del mare, che gli permisero di affrontare in condizioni di vantaggio il Focke-Wulf 190 e di distruggere persino le V-1.
Dato il nuovo motore, le dimensioni delle testate dei cilindri costrinsero a modellare due lunghe bugnature ai lati del cofano motore, mentre una terza incapsulava i magneti.
Le caratteristiche di volo comprendevano una velocità di rollio eccellente, una controllabilità longitudinale superiore rispetto allo Spitfire Mk.V, ottimo anche il comportamento nelle

picchiate ad alta velocità e più in generale, una maneggevolezza superiore a quella degli altri Spitfire in produzione all'epoca.

- L'unica vera preoccupazione era il timone, assai pesante.

Anche la visuale, grazie al muso ribassato, era migliore, sia in combattimento sia nelle azioni di attacco al suolo, con prove svolte in picchiate di 45° (anche se in pratica, l'aereo venne impiegato come intercettore).
Quanto alle prestazioni di salita, lo Spitfire Mk.XII era buono anche se non ottimo, capace, comunque, di competere con lo Spitfire Mk.V almeno entro i primi 3.000 metri, raggiunti in circa tre minuti, ma inferiore all'Mk.IX, tanto che la quota operativa era stimata essere circa 9.000 metri (28.000 piedi), sebbene prove di salita siano state svolte fino a circa 11.000 metri (37.000 piedi), però con il prototipo, che era provvisto di ali con estremità normali.
Venne anche approntato un motore migliorato, il Griffon IV, che permetteva di aumentare la salita di circa 3 metri al secondo e di risparmiare circa 30 secondi per i 3.000 metri.
Anche così, lo Spitfire Mk.IX tornava a essere superiore appena oltre i 1.200 metri, sia pure in maniera molto meno marcata.

- Lo Spitfire Mk.XII rimase, quindi, una macchina veloce, fino a circa 640 km/h (397 mph), a circa 5.400 metri (18.000 ft), ma specialista nei combattimenti da bassa quota.

Ne furono costruiti un centinaio, chiaramente una misura ad interim in attesa di un nuovo Spitfire Griffon che fosse maggiormente versatile come caccia multiruolo.

- La Supermarine cercò di ovviare agli inconvenienti dell'Mk.XII montando il Griffon sulla fusoliera dell'Mk.VIII.

Ne risultò l'Mk.XIV, di cui furono costruiti 957 esemplari, circa 400 dei quali nel modello caccia-ricognitore Mk.XIVE.
L'Mk.XIV aveva ottime prestazioni ed era più facile da pilotare dell'Mk.XII.

Una delle migliorie, fu l'adozione di una leva del gas più lunga che permetteva di dosare con maggior progressività la bruciante accelerazione del Griffon.
Una nuova elica a cinque pale Rotol, poi, garantiva un miglior utilizzo dell'esuberante potenza del nuovo motore, mentre le punte delle ali squadrate riduceva le sollecitazioni operanti sulla fusoliera.
La maggiore novità introdotta con l'Mk.XIV fu il R.R. Griffon 61 o 65.
Questi nuovi motori tornavano al compressore a doppio stadio, come nel caso dei Merlin 61, mentre le versioni precedenti avevano un monostadio a due velocità.

- Così, il Griffon 65 erogava fino a 2.035 hp (1.520 kW) alla quota di 2.100 metri e 1.820 hp ancora a 6.400 metri.

Per confronto, il Griffon IIB aveva solo 1.730 hp a 2.300 metri e 1.490 a 4.270 metri, il che spiega il drastico calo di prestazioni ad altezze elevate.
Di conseguenza, l'Mk.XIV divenne un caccia per tutte le quote, in quanto era più veloce e saliva meglio dell'Mk.XII: a 6.100 metri in circa 5 minuti contro 6,7 e a 9.150 metri in circa 8,35 minuti contro 13.
La differenza in prestazioni tra il nuovo Spitfire e i caccia tedeschi fu vista come molto elevata, tranne che attorno ai 5.000 metri, dove il Gustav era ancora concorrenziale in velocità e salita.
Ma altrove il vantaggio passava notevolmente dalla parte dello Spitfire, che lo superava di circa 60 km/h ad alta quota.
Anche il FW 190 veniva superato a tutte le quote, anche se si difendeva a quelle medio-basse.
La maneggevolezza era pure superiore, tranne che contro il FW 190 e solo nel caso del rollio; in virata lo Spitfire Mk.XIV, malgrado fosse pesante, pareggiava il precedente Mk.IX e superava tutti gli altri caccia angloamericani di ultima generazione, Tempest e Mustang inclusi; in salita era il migliore dei caccia provati dai britannici, superando di poco anche lo Spitfire Mk.IX.

- La picchiata era buona, ma non ancora totalmente priva degli inconvenienti, visti con i precedenti Spitfire.

Alla fine l'Mk.XIV entrò in servizio con lo Squadron 610 a County of Chester nella primavera del 1944.
Il suo potere di fuoco era tre volte quello dell'Mk.I e la sua velocità massima era di 724 km/h (450 mph) a 7.924 metri (26.000 piedi) con una velocità di salita di 1.395 metri (4.580 piedi) al minuto.
Non entrò in azione tanto contro i Bf 109 e i Fw 190, quanto, molto efficacemente, contro le bombe volanti V1, delle quali distrusse almeno 300 esemplari.

- E fu sempre un Mk.XIV che divenne il primo aereo alleato ad abbattere un caccia a reazione Me.262.

Nella sera del 14 febbraio 1945, il Flight Lieutenant F.A.O. Gaze del RAF 610 Squadron, in pattuglia su Nimega, in Olanda, su un Mk.XIV, dopo aver fallito l'intercettazione di un jet bimotore da ricognizione Arado 234, sorprese tre Me 262 a quota inferiore.

"Non potevo vedere bene perché volavamo contro sole", ricordava Gaze. *"Ma sparai da una distanza di 350 iarde colpendo il motore di destra. Il 262 tirò su il muso lentamente e virò a dritta, mentre gli altri due sparivano tra le nuvole. Feci fuoco ancora colpendo di nuovo il motore e la fusoliera. Si rovesciò, infilandosi tra le nuvole. Lo seguii e uscito dalle nubi vidi un aereo esplodere a terra un miglio davanti a me. Rivendicai questo Me 262 come distrutto e il mio gregario confermò l'abbattimento."*

Il 13 marzo, sempre su Spitfire Mk.XIV, il Flying Officer Howard C. Nicholson del RCAF 402 Squadron su Munchengladbach rivendicò l'abbattimento di un altro Me 262.
Gli ultimi Mk.XIV erano equipaggiati con tettucci a goccia che diedero per la prima volta ai piloti degli Spitfire una visuale libera da ostacoli a tutto campo, tuttavia, questi modelli ormai somigliavano sempre meno al caccia immaginato da Mitchell.

L'asso della RAF Johnnie Johnson diceva: *"L'Mk.XIV era una bella macchina ma non era più uno Spitfire".*

Questi ultimi modelli dello Spitfire, bombardando le installazioni in Francia, preparavano la strada per lo sbarco alleato in Normandia del 6 giugno 1944.
Quel giorno il comando RAF utilizzo in totale 57 squadroni di Spitfire e 4 di Seafire in compiti di varia natura, dalla copertura alle prime squadre sbarcate al pattugliamento dei carichi che giungevano dall'Inghilterra sulle coste francesi.
Anche in questo caso gli Spitfire Mk.IXB del 222° squadrone furono i primi aerei alleati ad atterrare per un rifornimento nei territori precedentemente occupati a St. Croix sur Mer.
Il 17 luglio gli Spitfire del 602° squadrone ebbero la possibilità di uccidere il maresciallo Rommel ma la volpe del deserto se la cavò con numerose ferite alla testa.

- Durante la ritirata tedesca, gli Spitfire e i Tempest bersagliarono le divisioni in rotta provocando perdite pari a 8 divisioni di fanteria e 2 corazzate.

Fu una lezione dell'uso della superiorità aerea e i piloti RAF potevano essere costretti a uscire in missione anche 6 volte al giorno.
I lanci delle V1 furono il successivo problema che gli Spitfire dovettero affrontare: per far ciò, furono adattati alcuni Mk.IX, Mk.XII e Mk.XIV in modo da avere velocità sufficiente.
In questo compito furono affiancati dai veloci Hawker Tempest.
Inoltre, furono impiegati contro le postazioni di lancio sul continente ancora occupato.

- L'ultimo sussulto della Luftwaffe si ebbe nei primi mesi del 1945 con l'Operazione Bodenplatte, quando contando sulla sorpresa, 800 aerei variamente assortiti bombardarono e mitragliarono i campi di volo alleati causando la perdita di 200 aerei.

Le perdite tedesche furono, però, superiori e ben 300 aerei furono distrutti dando il colpo di grazia alla forza aerea nazista.
I tedeschi subirono molte perdite dalla propria contraerea, la Flak, che nessuno aveva preavvisato dell'incursione.
Le ultime versioni dello Spitfire erano potenti e pesanti, con motori Griffon capaci di oltre 2.000 hp e strutture rinforzate ed

erano oramai assai diversi in ogni dettaglio dalle macchine delle prime versioni.
Nonostante questo, l'ala rimase sufficientemente grande per consentire una buona maneggevolezza, anche se oramai il combattimento impostato sulla velocità diventava l'elemento di maggiore importanza, come dimostrato dai caccia USA contro i leggeri apparecchi giapponesi di vecchia generazione.
Lo Spitfire era, comunque, un velivolo a elica, e la sua potenzialità non era infinita: l'avvento della propulsione a reazione costrinse tutte le forze aeree a confrontarsi con un nuovo modo di intendere il volo e il combattimento.

- La differenza maggiore stava nella maggiore velocità che i potenti motori a reazione offrivano, ma assieme a un funzionamento meno affidabile e con consumi molto superiori.

Nondimeno, i Gloster Meteor e i De Havilland Vampire divennero subito i caccia del futuro per la RAF.
Gli Spitfire Mk.21 ebbero una lunga e difficile messa a punto, e la loro carriera postbellica fu stroncata, come tanti altri apparecchi, sia dalla fine delle ostilità, che tagliò gli ordinativi, sia dall'avvento dei jet.
I vari apparecchi che seguirono non ebbero molta fortuna e vennero prodotti in pochi esemplari.
Con lo Spitfire Mk.21, mentre, prima l'ala era rimasta, per quanto rimaneggiata profondamente, sostanzialmente la stessa, per sfruttare al meglio la potenza, rinunciando a parte della maneggevolezza, fu messa a punto una nuova ala, a profilo laminare, che somigliava a un incrocio tra quella dello Spitfire e quella del P-51 Mustang, squadrata com'era, ma non di pianta perfettamente rettangolare.

- Successivi modelli furono lo spitfire MK.22 e Mk.24, con tettuccio a goccia dai quali furono derivati il Seafire 45 e 47, forse i migliori caccia imbarcati assieme all'Hawker Seafury.

Lo Spiteful ebbe anche un nome diverso da quello che era oramai solo un antenato; con i motori Griffon e la nuova ala arrivò a quasi 800 km/h, di gran lunga il caccia a pistoni

europeo più veloce, ma nonostante questo non ebbe fortuna e venne prodotto in pochi esemplari, alcuni dei quali dopo essere stati allestiti non vennero nemmeno completati o collaudati, venendo successivamente demoliti.
Anche la versione navale Seafang ebbe una sorte identica.
La Supermarine si avviava a una decadenza veloce e inesorabile, mentre proprio la Hawker, che era stata messa all'angolo per via del limitato Hurricane, e poi del problematico Typhoon, finì per sostituirla realizzando il caccia postbellico di maggior successo, l'Hunter, che tra l'altro riprendeva vagamente la pianta ellittica delle ali ma sposata con una velatura a freccia.

Caratteristiche Tecniche

Il Rolls-Royce Griffon era un motore aeronautico 12 cilindri a V di 60° prodotto dalla britannica Rolls-Royce Limited durante gli anni quaranta, utilizzato su alcuni velivoli durante la seconda guerra mondiale e nel periodo a essa successivo.
Il Griffon derivava da uno sviluppo del Rolls-Royce R, utilizzato dagli idrocorsa da competizione inglesi che parteciparono alla Coppa Schneider durante gli anni trenta.
L'idea di utilizzare il Griffon sull'aereo da caccia Supermarine Spitfire venne nel 1939 a Joe Smith, che aveva assunto l'incarico di capo progettista alla Supermarine dopo la scomparsa del suo progettista, Reginald Joseph Mitchell.
In quel periodo però la Rolls-Royce era alle prese con lo sviluppo del più piccolo, 27 litri di cilindrata, Merlin: quest'ultimo motore aveva già fornito delle prestazioni superiori a quelle delle versioni iniziali del Griffon.
Con il proseguire dello sviluppo del motore venne deciso di provarlo sullo Spitfire.

- Il primo caccia a montare il Griffon fu un unico esemplare della versione Mk.IV (matricola DP845), che a sua volta era uno Spitfire Mk.III con ali corte.

La versione del motore utilizzata era la RG2SM con compressore a singolo stadio e a due velocità: il volo di prova venne effettuato il 27 novembre 1941.

La Rolls-Royce introdusse sul Griffon i recenti sviluppi nel campo della sovralimentazione applicati al Merlin: le ultime versioni del Griffon erano dotate di un compressore a due stadi a tre velocità.
La prima variante di produzione dello Spitfire a montare il Griffon fu la Mk.XII.: in questo caso il motore era un Griffon versione III o IV da 1.758 hp (1294 kW).
Sulla successiva versione Mk.XIV venne montato il Griffon 65.
Sulle ultime versioni del caccia venne montato il Griffon 61.
Anche la versione da ricognizione fotografica PR.Mk.XIX, prodotta a partire dal 1944, e utilizzata anche dopo la fine del conflitto, montava il motore Griffon nelle versioni 65 e 66. Da notare che fu proprio un velivolo di questa versione a compiere, nell'aprile 1954, l'ultimo volo operativo dello Spitfire nella RAF.
Il Griffon 101, dotato di compressore a tre velocità, venne anche montato sull'unico Supermarine Spiteful (matricola RB518): il velivolo raggiunse la velocità di 795 km/h (494 mph).
Il Griffon oltre che sullo Spitfire venne impiegato anche sul pattugliatore marittimo quadrimotore Avro 696 Shackleton.

Di seguito i dati relativi al Griffon 65:

- Tipo: motore a V di 60°
- Numero di cilindri: 12
- Alimentazione: carburatore triplo corpo a depressione con sistema automatico di carburazione
- Cilindrata: 36,70 L (2 239,33 in^3)
- Alesaggio: 152,4 mm (6 in)
- Corsa: 167,6 mm (6,6 in)
- Distribuzione: SOHC 4 valvole per cilindro: valvole di scarico con inserto in sodio
- Raffreddamento: a liquido pressurizzato: 70% acqua e 30% glicole etilenico
- Compressore: centrifugo a due stadi e due velocità
- Intercooler: acqua-aria installato tra la seconda fase e il motore
- Potenza:
    - 2.035 hp (1.520 kW) a 2.135 metri (7.000 ft)

- 1.820 hp (1.360 kW) a 6.400 metri (21.000 ft)

- Potenza specifica: 0,91 hp/in^3 (41,4 kW/L)
- Peso a vuoto: 900 kg (1.980 lb)

Dopo la Guerra

Dopo la fine del conflitto, lo Spitfire fu ancora impiegato per anni dalla RAF, nel Regno Unito, anche se fu, via via, relegato a ruoli non di prima linea.
Tre ricognitori PR Mk.XIX furono mantenuti in servizio presso la "RAF's meteorological Temperature and Humidity Flight", compiendo 4.000 voli prima di essere rimpiazzati dai bimotori De Havilland Mosquito, nel giugno 1957.
Fuori dalla Gran Bretagna, il caccia di Mitchell prese parte a molti conflitti in (o tra) Paesi che lottavano per liberarsi dal giogo di un impero, fosse esso britannico, olandese o francese.
Nessuno di questi, eccetto forse la guerra arabo-israeliana, offrì allo Spitfire possibilità di farsi valere, in quanto si trattava spesso di mitragliare le posizioni della guerriglia comunista nella jungla dell'Estremo Oriente, e lo Spitfire non era la macchina ideale per tali missioni.

La guerra arabo-israeliana

Il conflitto tra il nascente stato ebraico e i paesi arabi, fu l'unico che vide scontrarsi Spitfire di più forze aeree contrapposte, nonché ultimo conflitto in cui furono abbattuti caccia della Supermarine.
In uno dei maggiori scontri, il 22 maggio 1948, furono coinvolti Spitfire di ben tre aeronautiche militari.
Quel giorno, 5 Mk.IX della Royal Egyptian Air Force attaccarono per errore la base RAF di Ramat David, distruggendo diversi Mk.XVIII al suolo.
I 3 Spitfire sopravvissuti, uno dei quali pilotato da Geoff Cooper, decollarono e abbatterono quattro degli Mk.IX.
Poco dopo, lo stesso Cooper fu abbattuto dal pilota americano Chalmers Goodlin che era ai comandi di un Mk.IX israeliano.
Nell'ultima battaglia aerea della guerra, il 7 gennaio 1949, 4 Mk.IX della Israelian Air Force, uno dei piloti era Ezer Weizman, nipote del primo presidente di Israele e a sua volta

futuro presidente dello stato ebraico, attaccarono 14 Mk.XVIII e Hawker Tempest Mk.V della RAF.
La IAF rivendicò l'abbattimento di tre Mk.XVIII.

Crisi di Malaya

Gli ultimi Spitfire in estremo oriente entrarono in azione durante la crisi di Malaya, odierna Malesia, tra il 1948 e il 1951.
Dopo che i guerriglieri comunisti uccisero tre coltivatori di alberi della gomma, i britannici dichiararono lo stato di emergenza e il 6 luglio 1948 gli Mk.XVIII dello Squadron 81, armati di razzi, attaccarono un campo di guerriglieri dello MCP (Malayan Communist Party).
Il 21 ottobre 1949 fu il giorno di maggiore attività per i caccia della RAF: gli Spitfire e i Seafire dello Squadron 800 compirono 62 missioni: proprio qui gli Spitfire della RAF (furono gli Mk.XVIII del 60 Squadron) svolsero le loro ultime sortite offensive, il primo gennaio 1951.
L'ultima in assoluto fu condotta dall'asso Wing Commander Wilfrid Duncan Smith.

- Perfettamente restaurato, lo Spitfire che Duncan pilotò quel giorno, TP280, vola ancora oggi negli Stati Uniti.

La guerra di secessione indo-pakistana

L'Indian Air Force, che impiegò i caccia della Supermarine, in azione nelle battaglie di Bagdam e Shelatang durante la Secessione, quando il Pakistan, musulmano, decise nel 1947 di differenziarsi nel subcontinente indiano (ancora indifferenziato), da quella che sarebbe diventata la Federazione indiana,- radiò dal servizio quello che restava della sua flotta di 159 Spitfire, costituita in gran parte da Mk.VIII, PR Mk.XI e Mk.XIX, nel 1957.

- La carriera da combattente dello Spitfire si era così conclusa.

Supermarine Seafire

Il Supermarine Seafire era un aereo da caccia imbarcato ad ala bassa prodotto dall'azienda britannica Supermarine Aviation Works negli anni quaranta.
Chiamato così dalla contrazione di Sea Spitfire, era una versione navalizzata del celebre Spitfire, precedentemente prodotto dall'azienda e adattata per operare a bordo delle portaerei britanniche della Royal Navy durante la seconda guerra mondiale.

- La prima versione che fu consegnata alla Royal Navy fu la F.IB.

Era essenzialmente una versione dello Spitfire Mk.VB dotata di gancio per l'arresto a bordo delle portaerei: tuttavia, si comprese presto che la cellula era troppo fragile per sopportare le violente decelerazioni che l'aereo subiva in atterraggio e a soffrirne era soprattutto la parte di fusoliera nei pressi dei portelloni dei carrelli.

- Per superare questi problemi, si montarono dei rinforzi metallici nei punti più deboli e anche i longheroni furono rafforzati.

Ulteriori modifiche ed equipaggiamento specifico per il suo ruolo furono attuate sulla versione II, che, invece, utilizzava la cellula dello Spitfire Mk.VC.
Come il “fratello” Spitfire, anche il Seafire aveva una distanza tra le due ruote troppo breve e ciò poteva causare problemi durante le operazioni sul ponte di volo.
Le modifiche portarono allo spostamento del baricentro verso poppa, e ciò ridusse la stabilità dell'aereo a basse velocità.

- I piloti quindi, durante l'atterraggio, avevano enormi difficoltà a controllare il velivolo ed evitare che stallasse; vi furono numerosi incidenti.

In più, il Seafire si portava dietro anche tutti i difetti dello Spitfire come, ad esempio, il corto raggio d'azione che, se per

un caccia terrestre non era determinante, per un caccia imbarcato era di enorme importanza.
Altre pecche derivate dallo Spitfire erano lo scarso armamento e la difficoltà che i piloti avevano a compiere ammaraggi di fortuna a causa della cellula poco resistente: in più, l'alloggiamento all'interno delle portaerei era difficoltoso poiché le ali non potevano essere richiuse.
L'adattamento completo dello Spitfire a caccia imbarcato avvenne con il Seafire F.III.
Era lo sviluppo dell' F.II, ma possedeva, adesso, ali ripiegabili.

Uno Seafire F.XVII (SX336) con le ali ripiegate.

Fu prodotta anche una versione per le basse quote, la LF.III, equipaggiata con un motore Merlin 55M da 1.585 hp.
Il Seafire possedeva prestazioni superiori a basse quote rispetto a quelle del caccia imbarcato giapponese A6M5 Zero, tuttavia, rispetto ai pari ruolo statunitensi F6F Hellcat e F4U Corsair era meno armato e robusto.
Nelle versioni successive il Seafire montò il nuovo e più potente motore Rolls-Royce Griffon che ne aumentò le prestazioni.
I primi Seafire furono impiegati nell'Operazione Torch durante lo sbarco alleato in Nord Africa, ma la maggior parte degli scontri che li videro come protagonisti si svolsero durante le

campagne militari in Estremo Oriente, dove operavano con il 887° e il 894° Squadron della Fleet Air Arm a bordo della HMS Indefatigable, che raggiunse il resto della flotta britannica in oriente alla fine del 1944.
Furono utilizzati soprattutto con il ruolo di CAP (Combat Air Patrol), crociera di sorveglianza.
Fu scelto proprio il Seafire perché era il caccia con le migliori prestazioni ad alta quota e una minore capacità di carico rispetto agli altri aerei che la Fleet Air Arm aveva in servizio, gli Hellcat e Corsair.
In questo ruolo il Seafire fu decisivo nella lotta contro i Kamikaze giapponesi, soprattutto durante la battaglia presso l'isola di Iwo Jima.

- Il 15 agosto 1945 fu il giorno più glorioso per i Seafire che abbatterono 8 aerei nemici e ne persero solo uno.

Durante la campagna in Oriente l'887° Squadron dichiarò di aver abbattuto 12 aerei, mentre l'894° ne dichiarò 10, più 2 ulteriori ottenuti prima della partenza per la Norvegia.
Il pilota con più abbattimenti a bordo del Seafire fu il Sottotenente R.H. Reynolds DSC dell'894° Squadron con 4,5 vittorie ottenute nel biennio 1944/45.
Anche l'Irish Air Corps utilizzò i Seafire nel dopoguerra, benché non disponesse di portaerei: i caccia erano stanziati a Baldonnel ed erano utilizzati come normalissimi Spitfire, a cui venivano chiuse le ali al momento di riporli negli hangar.

- Un tentativo di riciclare un motore Merlin di un Seafire incidentato fu fatto negli anni cinquanta sostituendolo al motore Bedford di un carro armato Churchill, ma l'esperimento fallì.

Ne furono prodotti 2.334 esemplari.

Caratteristiche Tecniche

Dimensioni e pesi

- Lunghezza: 9,21 metri
- Apertura alare: 11,23 metri
- Altezza: 3,40 metri
- Superficie alare: 22,48 m2
- Peso a vuoto: 2.814 Kg
- Peso massimo al decollo: 3.565 Kg

Propulsione

- Motore: un Rolls-Royce Merlin 55M
- Potenza: 1.585 hp (1.182 kW)

Prestazioni

- Velocità massima: 560 km/h (348 mph) a 1.830 metri (6.000 piedi)
- Velocità di crociera: 351 km/h
- Velocità di salita: a 1.525 metri in 1,9 minuti
- Autonomia: 1.167 km con serbatoi esterni
- Tangenza: 7.315 metri (24.000 piedi)

Armamento

- Mitragliatrici: 4 Browning M1919 calibro 7,62 mm
- Cannoni: 2 Hispano-Suiza HS.404 calibro 20 mm
- Bombe: una da 227 kg (500 libbre)
- Razzi: 4 da 27 kg (60 libbre)

Versioni

F.IB

Versione navale dello Spitfire Mk.VB.
166 esemplari.

F.IIC

Punti di attacco per catapulta di portaerei e treno rinforzato: elica a 4 pale.
Motore Merlin 32 da 1.645 hp, che forniva all'aereo una velocità massima di 550 km/h (342 mph), un'autonomia di 740 km (460 miglia) con una tangenza di servizio di 11.430 metri (37.500 piedi).
Insieme al suo armamento di due cannoni da 20 mm e quattro mitragliatrici da 7,7 mm, poteva trasportare 227 kg (500 libbre) di bombe.
372 esemplari.

F.III

Sviluppato dal Seafire Mk.IIC, disponeva di ali pieghevoli manualmente, con motore Merlin 55M da 1.585 hp; la sua velocità massima era di 566 km/h (352 mph), un'autonomia di 750 km (465 miglia) con una tangenza di servizio di 10.300 metri (33.800 piedi). L'armamento consisteva in due cannoni da 20 mm e quattro mitragliatrici da 7,7 mm. Il carico di bombe era di 227 kg (500 libbre).
Elica a 4 pale.
Il Seafire Mk.III ebbe un ruolo nell'Operazione Overlord, più comunemente nota come D-Day, il 6 giugno 1944 e fu coinvolto nell'invasione della Francia meridionale, Operazione Dragoon, il 15 agosto 1944.
1.220 esemplari.

F.VI

Motore Griffon da 1.675 hp (1.380 kW); radiatori asimmetrici dello Spitfire Mk.XII.
390 esemplari.

F.XVII

Prodotto a partire dal Seafire XV, tutti gli esemplari hanno un tettuccio a goccia.
Alimentato dal motore Rolls-Royce Griffon VI da 1.950 hp, l'aereo aveva una velocità massima di 600 km/h (373 mph), un'autonomia di 1120 km (697 miglia) e una tangenza di servizio di 10.550 metri (34.600 piedi).
L'armamento consisteva in due cannoni da 20 mm, quattro mitragliatrici da 7,7 mm e bombe da 227 kg o proiettili a razzo.
232 esemplari.

F.45

Nuova cellula dello Spitfire Mk.21.
Motore Rolls-Royce Griffon 61 da 2.035 hp con una velocità massima di 725 km/h, un'autonomia di 645 km e una quota di servizio di 12.925 metri.
L'armamento era costituito da quattro cannoni da 20 mm con un carico di bombe di 227 kg.
Poiché il Seafire Mk 45 non avrebbe equipaggiato gli squadroni di prima linea, non aveva le ali pieghevoli delle varianti precedenti.
50 esemplari.

F.46

Simile allo Spitfire Mk.22 con tetto in vetro a goccia.
Era alimentato dal motore Rolls-Royce Griffon 87 da 2.300 hp e aveva eliche controrotanti. La sua velocità massima era di 700 km/h, un'autonomia di 700 km con una quota di servizio di 12.500 metri. L'armamento consisteva in quattro cannoni da 20 mm e bombe da 227 kg o proiettili a razzo.

24 esemplari.

F.47

Il Seafire 47 sarebbe stata l'ultima variante e la prima a presentare la piegatura delle ali, azionata elettricamente.
Volò per la prima volta il 25 aprile 1946.
Alimentato dal motore Rolls-Royce Griffon 87 da 2.350 hp, aveva una velocità massima di 728 km/h (452 mph), un'autonomia di 650 km (405 miglia) con una tangenza di servizio di 13.140 metri (43.100 piedi). L'armamento era costituito da quattro cannoni da 20 mm con bombe per complessivi 680 kg o proiettili a razzo.
Il No. 804 Naval Air Squadron fu il primo a essere equipaggiato con l'aereo quando ne ricevette 13 nel gennaio 1948.

.

Supermarine Spiteful

Il Supermarine Spiteful fu un caccia realizzato dalla Supermarine durante la Seconda guerra mondiale per la specifica F.1/43 del Ministero dell'Aviazione britannico: lo Spiteful sarebbe dovuto essere il successore dello Spitfire e avrebbe montato il motore Rolls-Royce Griffon.
Sul finire del 1942, gli ingegneri della Supermarine, analizzando la struttura dello Spitfire, capirono che, benché fosse molto robusta (arrivava a sopportare quasi la velocità del suono), rimaneva un limite per la macchina, che non avrebbe potuto avere miglioramenti in velocità.

- Per superare il problema si decise di adottare un nuovo profilo alare, simile a quello usato sul North American P-51 Mustang, con l'obiettivo di migliorarne l'aerodinamica ad alte velocità.

Una nuova ala fu progettata per lo Spitfire con i seguenti obiettivi:

- Aumentare il più possibile la velocità critica alla quale aumenta la resistenza, a causa della comprimibilità, diventando seria.
- Ottenere un tasso di rollio più veloce di qualsiasi caccia esistente.
- Ridurre la resistenza del profilo alare e, quindi, migliorare le prestazioni.
- L'area alare fu,quindi, ridotta da 242 piedi quadrati (22,5 m^2) a 210 piedi quadrati (20 m^2), mentre un rapporto spessore corda del 13% è stato utilizzato sull'ala interna dove è stivata l'attrezzatura.
- Fuoribordo l'ala si assottigliava all'8% di spessore/corda sulla punta.

Allo stesso tempo, per facilitare la produzione su larga scala, si decise di abbandonare l'ala ellittica per una trapezoidale, simile a quella del caccia americano Mustang.

Per rendere più efficiente il carrello in fase di atterraggio, si decise di spostarlo verso l'esterno e di invertirne la direzione di apertura: sullo Spitfire il carrello si apriva verso l'interno; invece, sullo Spiteful lo si fece aprire verso l'esterno, in quanto, aumentando la larghezza complessiva del carrello diminuivano i rischi di ribaltamenti laterali.

- La nuova ala fu sperimentata la prima volta il 30 giugno 1944 da Jeffrey Quill, su uno Spitfire Mk.XIV (NN660), per verificare le differenze in volo tra i due tipi di ala.

Lo Spitfire con ali modificate aveva prestazioni in velocità superiori a quello con ala ellittica, ma presentava anche numerosi svantaggi, ad esempio, stallava facilmente, che non lo resero competitivo con lo Spitfire dall'ala originale, progettata da R. J. Mitchell.
Nel frattempo, tuttavia, si ebbe la possibilità di risolvere alcuni dei problemi che affliggevano lo Spitfire: furono migliorate la visibilità anteriore del pilota e la stabilità, adottando timoni più grandi.
Quest'ultima caratteristica divenne importantissima dopo che fu introdotto sul caccia inglese il motore Griffon, molto più potente del Merlin, ma che ne aumentava assai l'instabilità generale.

- Si aggiunga che nelle ultime versioni dello Spitfire fu usata un'elica quadripala, e sul velivolo NN664 addirittura una a cinque pale.

Queste modifiche diedero origine a un aereo sensibilmente diverso da quello originale, che fu chiamato Spiteful: era stato suggerito Victor, ma la proposta non fu accettata.
I timoni ingranditi dello Spiteful furono montati anche sulle versioni Mk.22 e Mk.24 dello Spitfire e sulle versioni Mk.46 e Mk.47 del Seafire.

- Questo tipo di coda è noto come Spiteful Type.

Tra il 1943 e il 1944 Joe Smith suggerì di progettare un nuovo aereo che sfruttasse l'ala dello Spitfire e il nuovo motore a getto progettato dalla Rolls-Royce (in seguito chiamato Nene).

Questa proposta fu accettata e fu pubblicata la specifica E.10/44 dal Ministero dell'aviazione che fu subito nominata Jet Spiteful.
Il prototipo (TS409) volò il 27 luglio 1946.
Il prototipo non fu mai ordinato perché sostanzialmente non era migliore rispetto ai suoi concorrenti: il Gloster Meteor e il de Havilland Vampire.
Il progetto interessò la marina che emise la specifica E.1/45.
Il caccia, rinominato Attacker fece una veloce e brillante carriera tra le file della Fleet Air Arm e della Pakistan Air Force.

Supermarine Spiteful F.XIV, RB517.

La prima versione dello Spiteful fu la Mk.XIV (la numerazione riprendeva quella dello Spitfire da cui era stato sviluppato); ne furono ordinati 150 esemplari, ma con l'avvento dei caccia a reazione fu subito chiaro che il futuro sarebbe stato segnato dal nuovo tipo di propulsione, e, così, furono prodotti solo una manciata di Spiteful.
Tuttavia, poiché non si pensava ancora che sulle portaerei sarebbero entrati in servizio aerei jet, fu realizzata una versione navalizzata dello Spiteful - specifica N.5/45 - che in seguito fu chiamata Seafang.

- In totale, 650 aerei furono ordinati dalla Supermarine. Il numero di aerei da costruire fu inizialmente ridotto di 260; una seconda cancellazione lasciò 80 macchine da costruire. La terza e ultima cancellazione ridusse le dimensioni del contratto a 22 aerei. Infine, dell'ordine originale di 650 Spiteful, ne furono costruiti solo 19.

Il Seafang era dotato di ali ripiegabili, di gancio d'arresto, montava un motore Griffon 89 o 90 alimentato da un carburatore maggiorato e, inoltre, utilizzava eliche controrotanti a sei pale.
Il primo prototipo fu uno Spiteful Mk.XV convertito, ma il successo del progetto de Havilland Vampire sulla HMS Ocean, nel 1945, fece cadere l'utilità d'imbarcare un aereo a pistoni.
Dopo la fine del secondo conflitto mondiale, la Supermarine entrò in affari con la Société nationale de constructions aéronautiques du Nord (SNCAN) per la produzione sotto licenza dello Spiteful in Francia, ma il tutto si concluse con un nulla di fatto, e i caccia a pistoni sparirono per sempre dai cieli d'Europa.

Caratteristiche Tecniche

Dimensioni e pesi

- Lunghezza: 10,03 metri
- Apertura alare: 10,67 metri
- Altezza: 4,09 metri
- Superficie alare: 19,50 m^2
- Peso a vuoto: 3.331 Kg
- Peso massimo al decollo: 4.523 Kg

Propulsione

- Motore: un Rolls-Royce Griffon 69 12 cilindri a V raffreddato a liquido
- Potenza: 2.375 hp (1.772 kW)
- Elica: a 5 pale a velocità costante

Prestazioni

- Velocità massima: 777 km/h a 6.400 metri
- Velocità di salita: 14,7 m/sec
- Autonomia: 908 km
- Tangenza: 12.800 metri

Armamento

- Cannoni: 4 Hispano Mk.V calibro 20 mm con 156 colpi ciascuno
- Razzi: 4 razzi da 140 kg ciascuno
- Bombe: due da 450 kg ciascuna

Versioni

Spiteful F Mk.XIV

- 19 esemplari costruiti
- Motore: Griffon 85 da 2.408 hp 1.771 kW)
- Peso: 4.510 kg
- Velocità massima: 767 km/h

Spiteful F Mk.XV

- 1 esemplare costruito (convertito in seguito nel prototipo del Seafang)
- Motore: Griffon 89 da 2.382 hp (1.752 kW)
- Peso: 4.620 kg
- Velocità massima: 778 km/h

Spiteful F Mk.XVI

- 2 esemplari costruiti (convertiti dal Mk.XIV)
- Motore: Griffon 101 da 2.454 hp (1.805 kW)
- Peso: 4.510 kg
- Velocità massima: 795 km/h

Seafang F Mk.XXXI

- 8 esemplari costruiti
- Motore: Griffon 61

Seafang F Mk.XXXII

- 2 esemplari costruiti
- Motore: Griffon 89 da 2.382 hp (1.752 kW)

Supermarine Seafang

Il Supermarine Seafang era un caccia imbarcato ad ala bassa sviluppato dall'azienda aeronautica britannica Supermarine Aviation Works nella seconda parte degli anni quaranta e destinato a essere utilizzato dalla Fleet Air Arm della Royal Navy.
Era basato sullo Spiteful, che era uno sviluppo dell'aereo Spitfire con motore Griffon della Supermarine.

- A quel tempo, lo Spitfire era un progetto vecchio di 10 anni in un periodo di rapido sviluppo tecnico nell'aviazione: il Seafang era superato dagli aerei a reazione e ne furono costruiti solo 18 esemplari.

Il Type383 Seafang era uno sviluppo del Supermarine Spitfire e del successivo Supermarine Spiteful nato per rispondere alla specifica N.5/45 del ministero dell'aviazione ed era essenzialmente uno Spiteful adattato per le operazioni a bordo delle portaerei della Royal Navy.

- Era dotato di un gancio d'arresto, di eliche controrotanti per eliminare la coppia motrice che una singola elica avrebbe causato sul velivolo.

Inoltre possedeva ali richiudibili, un serbatoio più capiente e il motore Rolls-Royce Griffon 89 capace di 2.350 hp (1.755 kW).
Ne vennero costruiti due modelli con queste caratteristiche, il VB893 e il VB895, ma non vi sono prove che essi abbiano volato prima della fine delle ostilità: infatti, il Seafang volò per la prima volta nel 1946.
Non entrò mai in produzione, ma ne furono costruiti addirittura 18 prototipi, alcuni dei quali, tuttavia, non volarono mai.
Il Seafang F.32 fece alcuni test a bordo della HMS Illustrious nel maggio del 1947 pilotato da Mike Lithgow.
Rispetto al suo predecessore, il Seafire F.47, non mostrava miglioramenti degni di nota: inoltre, non poteva impensierire le prestazioni dei nuovi Gloster Meteor e de Havilland DH.100 Vampire in versione navalizzata.

A ciò si aggiunse che la velocità di appontaggio non era superiore a quella dell'Hawker Sea Fury e si scelse quest'ultimo per la Fleet Air Arm.

Uno dei due Supermarine Seafang F.32.

Durante i test, il Seafang raggiunse l'incredibile velocità di 795 km/h e divenne il caccia a pistoni più veloce mai costruito in Gran Bretagna.
Il profilo alare del Seafang fu adottato per il caccia a reazione Supermarine Attacker.

Versioni

Seafang F.31

Motore Griffon 61 da 2.375 hp ed elica Rotol a 5 pale a velocità costante.
Ne furono ordinati 150, ma ne furono costruiti solo 9; il resto fu cancellato.

Seafang F.32

Sono stati costruiti due prototipi, alimentati da un motore a pistoni Griffon 89 da 2.350 hp (1.752 kW), ali ripiegabili, maggiore capacità di carburante e doppie eliche controrotanti a 3 pale.

Caratteristiche Tecniche

Dimensioni e pesi

- Lunghezza: 10,39 metri
- Apertura alare: 10,67 metri
- Altezza: 3,82 metri
- Superficie alare: 19,50 m2
- Peso a vuoto: 3.636 Kg
- Peso massimo al decollo: 4.750 Kg

Propulsione

- Motore: un Rolls-Royce Griffon 89 12 cilindri a V raffreddato a liquido
- Potenza: 2.350 hp (1.755 kW)

Prestazioni

- Velocità massima: 765 km/h
- Velocità di salita: 23,5 m/sec
- Autonomia: 633 km
- Tangenza: 12.500 metri

Armamento

- Cannoni: 4 Hispano Mk.V calibro 20 mm
- Bombe: predisposizione per 2 da 454 kg
- Razzi: predisposizione per 4 da 27 kg

Supermarine Attacker

Il Supermarine Attacker era un caccia monoreattore ad ala bassa prodotto dall'azienda britannica Supermarine Aviation Works dalla fine degli anni quaranta e impiegato nel secondo dopoguerra principalmente dalla Fleet Air Arm della Royal Navy.
Lo sviluppo dell'Attakker si deve alla specifica E.10/44 emessa per la richiesta di fornitura di un caccia a reazione da fornire alla Royal Air Force.
Oltre alla Supermarine, anche la Gloster Aircraft Company realizzò il Gloster E.1/44, una versione migliorata del Gloster Meteor, da presentare come possibile candidato, ma la commissione di valutazione rifiutò entrambi i progetti in favore del Meteor e del de Havilland DH.100 Vampire, i primi caccia a reazione RAF a entrare in servizio operativo.
La Supermarine, allora, propose una versione navalizzata del suo progetto all'Admiralty che accettò di valutarne le caratteristiche.
Il prototipo dell'Attacker, Prototype 392, venne portato in volo per la prima volta il 27 luglio 1946 ai comandi del pilota collaudatore Jeffrey Quill.
Il progetto dell'Attacker prevedeva l'uso delle ali dritte a regime laminare, già utilizzate dallo Spiteful, lo sviluppo del più celebre Spitfire, e destinato a sostituirlo come caccia con motore a pistoni, e per questo motivo l'Attacker fu originariamente soprannominato Jet Spiteful.

- Il velivolo era afflitto da una serie di carenze progettuali che lo portarono a essere rapidamente superato.

Una era che manteneva l'ormai sorpassata configurazione a triciclo classico del carrello d'atterraggio, con ill ruotino d'appoggio posto sotto la coda che creava problemi in fase di appontaggio.
La complessità nella riprogettazione di un carrello sotto il muso avrebbe necessitato una serie di interventi, ad esempio, sulle ali

per lo spostamento dei carichi necessari a riequilibrare il velivolo.
Inoltre, una simile configurazione inviava i gas di scarico del motore direttamente verso terra, danneggiando gravemente le piste in erba.
Il primo prototipo della versione navalizzata fu portata in volo il 17 giugno 1947 ai comandi di Mike Lithgow, tre anni più tardi del volo inaugurale del Meteor.

Supemarine Attacker F.1 'WA473 J-102' al Fleet Air Arm Museum presso la stazione aerea navale di Yeovilton, Somerset.

Il successivo ordine di fornitura, che confermava l'acquisizione del modello da parte della Fleet Air Arm (FAA), si fece attendere fino al novembre 1949.
La prima versione di serie, la F.1, era spinta da un turbogetto Rolls-Royce Nene Mk.101 da circa 22,2 kN (2.313 kg) ed era equipaggiata con 4 cannoni automatici Hispano da 20 mm.
La versione F.1, entrata in produzione il 1950, iniziò a essere consegnata ai reparti nell'agosto 1951.

- L'Attacker ha avuto una breve carriera equipaggiando la Fleet Air Arm della Royal Navy, non partecipando ad alcuna azione durante il suo servizio di prima linea nella FAA fino al 1954.

Rimase in servizio operativo con la Royal Naval Volunteer Reserve (RNVR) per un periodo leggermente più lungo, per poi essere ritirato definitivamente nel 1956.
In patria l'Attacker venne sostituito dai più moderni e capaci Hawker Sea Hawk e de Havilland Sea Venom.
L'Attakker venne esportato solamente a uno stato estero, il Pakistan.
Tra il 1952 e il 1953 vennero venduti 30 esemplari che andarono a equipaggiare la locale aeronautica militare, la Pakistani Fida'iyye, con la quale rimase in servizio operativo fino al 1960.
Il Supermarine Attacker diede vita al Modello-510, un prototipo ad ala a freccia che rimase senza seguito, ma che prefigurò il "Supermarine Swift" della Royal Air Force.
In totale furono costruiti 183 velivoli, compresi i prototipi.

Versioni

F.1: Versione caccia navalizzato di serie.

FB.1: Versione da attacco al suolo.

FB.2: Versione rinforzata dotata di motorizzazione Nene più potente con 8 piloni subalari, capace di trasportare 2 bombe da 1.000 lb (450 kg) o 8 razzi non guidati.
24 ordinati il 21 novembre 1950, 30 ordinati il 16 febbraio 1950 e altri 30 ordinati il 7 settembre 1950, tutti gli 84 esemplari furono costruiti a South Marston.

Caratteristiche Tecniche

Dimensioni e pesi

- Lunghezza: 11,43 metri
- Apertura alare: 11,25 metri
- Altezza: 3,02 metri
- Superficie alare: 21,00 m2
- Carico alare: 248 kg/m2
- Peso a vuoto: 3.826 Kg
- Peso massimo al decollo: 5.539 Kg

Propulsione

- Spinta: 22,2 kN (2.313 kg)

Prestazioni

- Velocità massima: 950 km/h
- Velocità di salita: 32,3 m/sec
- Autonomia: 1.900 km
- Tangenza: 13.716 metri

Armamento

- Cannoni: 4 Hispano Mk.V calibro 20 mm con 125 colpi per arma
- Bombe: 2 da 454 kg

www.ingramcontent.com/pod-product-compliance
Lightning Source LLC
LaVergne TN
LVHW010107170826
845678LV00012B/2271